Reiselust &
Gartenträume

Heidi Howcroft

Reiselust &
Gartenträume

Geschichten
über Reisen
zu fernen
Gartenparadiesen

DEUTSCHE VERLAGS-ANSTALT

Inhalt

Man sollte niemals nie sagen 8

KELTISCHER ZAUBER *11*

Felsen, Stechpalmen und Träume:
Ilnacullin, ein irisches Inselparadies *12*

Willys Irland: Wo die grünen Männer tanzen *19*

Hilfe, Mücken! Gärten an Schottlands Westküste *25*

Eine Überraschung auf den Orkneys:
Der Garten bei Scapa Flow *34*

DOLCE VITA *43*

Mit Pferdestärken durch den königlichen Garten
von Caserta *44*

Die Bäume singen! La Mortella ganz privat *55*

Gärten hier? Das muss ein Witz sein:
Versteckte Paradiese in Palermo *68*

Ponza, eine Insel für Kenner *77*

La Cervara, das verborgene Juwel von Ligurien *88*

MAURISCHE EINFLÜSSE *99*

Eine Fahrt ins Blaue: Mit dem Uhrmacher
durch Nordmarokko *100*

Garten, Kunst und Mode vereint:
Der Jardin Majorelle in Marrakesch *111*

MITTEN IM ATLANTIK *121*

Kamelien am See: Der geheime Garten von José do Canto
auf São Miguel *122*

Madeira wärmt: Zu Besuch in Blandy's Garten *132*

Karibisches Flair *143*

Paradies in der Trabantenstadt: Kubas grüne Revolution *144*

Vor verschlossenem Tor: Der botanische Garten
von Road Town auf Tortola *152*

Die Überlebenskünstler von Bonaire *161*

Mit Elon unterwegs: Achterbahnfahren auf St Lucia *169*

Wüstenrosen und bellende Hunde:
Die Privatgärten des Gartenclubs von Antigua *177*

Im Land des Drachens *185*

Mit Grüßen von James Bond:
Im Drachengarten von Hongkong *186*

Vom Ghetto zum Paradies:
Der Kowloon Walled City Park in Hong Kong *195*

1000 Bäume und raffinierte Anblicke:
Der Nan-Lian-Garten in Hongkong *202*

Winterkirschen und Fledermäuse:
Der Garten der Familie Lin in Taiwan *211*

Eine Insel der Glückseligkeit:
Der Yu-Garten in Schanghai *220*

GÄRTEN UND MEHR *233*

Verliebt in Savannah *234*

Schlusslicht *247*

Man sollte niemals nie sagen

Die Anfrage, bei Gartenreisen auf einem Kreuzfahrtschiff mitzuwirken, kam aus heiterem Himmel. Vorstellungen von zu viel Essen, zu vielen Menschen und zu viel Seegang erschienen vor meinen Augen. Freiwillig sich so etwas unterziehen? Niemals. Noch dazu handelte es sich um das »Traumschiff«, die MS »Deutschland«. Etwas Schrecklicheres und Klischeereicheres konnte ich mir nicht vorstellen. Doch dann erinnerte ich mich an die Erzählungen meiner Freundin Hanni, wie bezaubernd die changierenden Farben des Meeres seien und wie einmalig eine Hafeneinfahrt und dass man immer einen geschützten Platz an Deck für sich allein findet. Irgendwie war meine Neugier doch geweckt. Eine Probefahrt würde nicht schaden. Ich sollte darum in London zur Kreuzfahrt rund um Großbritannien dazustoßen.

Die MS »Deutschland« ankerte mitten auf der Themse vor der Tower Bridge, und ich hatte keine Ahnung, wie und wo ich an Bord kommen sollte. Ich stand auf der Brücke und schaute verzweifelt herum. Minute für Minute verging, der Frust wuchs, beinahe wäre ich wieder nach Hause gefahren. Dann fiel mir ein: Schau nach dem Tenderboot; dort, wo es an Land kam, könntest du sicherlich einsteigen. So lernte ich die beiden wichtigsten Gebote. Das erste: Frage immer ganz genau, wo die Tenderstation ist, und das zweite: Stets pünktlich sein.

Vom ersten Moment an, als ich an der Reling stand, war ich von dieser Art zu reisen gefesselt. Heute kann ich es zugeben: Schlafen konnte ich nie richtig auf dem Schiff, es brummte und vibrierte zu sehr. Die Stärke der Klimaanlage wechselte damals zwischen Tornado und Böe, aber nichts, nicht einmal der Seegang konnte meine Reiselust dämpfen. Ich nahm alles in Kauf, denn der Reiz, neue, unbekannte, oft abgelegene Orte und Gärten zu entdecken, war einfach stärker.

Die Idee, eine Gartenreise auf See an Bord der MS »Deutschland« zu machen, stammte von dem Gartenarchitekten Antonius Bösterling. Das Konzept war, die Gärten während der Landausflüge aufzusuchen und während der Seetage Vorträge sowie Gartenstammtische an Bord des Schiffes zu veranstalten. Eben Urlaub mit Inhalt und mit Gleichgesinnten. Wissen wurde vermittelt, Freundschaften wurden geschlossen und Anregungen für den eigenen Garten gesammelt.

Wie eine Großfamilie sind die »Gartenzwerge«, so der Spitzname der Gartengruppe an Bord, in wechselnder Besetzung über die Meere gereist, immer auf der Suche nach neuen Gartenparadiesen. Und wir fanden sie überall, oft an völlig unerwarteten Orten: auf Felsriffen, in Wüsten, im Wald, inmitten von Trabantensiedlungen und im Zentrum von Metropolen. Es gab unvergessliche Momente, herzliche Begegnungen und die Chance, Länder zu besuchen, die man nur von der Weltkarte her kannte. Trotz sorgfältigster Planung war immer auch für Überraschungen gesorgt. Diese aber waren von der besten Sorte und oft die Highlights einer Reise.

So plötzlich, wie meine Tätigkeit 2006 begonnen hatte, so abrupt endete sie. Im April 2014, acht Jahre nach der ersten Ausfahrt die Themse hinunter, verließ ich die MS »Deutschland« in Lissabon, ohne zu ahnen, dass eine Ära zu Ende ging. Die Gelder für den vorschriftsgemäßen Werftbesuch und die Wartung vor der geplanten Weltreise konnten nicht mehr aufgebracht werden. Die Reederei und die Beteiligungsgesellschaft meldeten Insolvenz an, das Schiff wurde verkauft. Nunmehr fährt das Kreuzfahrtschiff, erbaut 1998 im nostalgischen Stil eines Grandhotels der 1920er-Jahre, im Winter, als »World Odyssey« für *Semester at Sea*, ein Auslandsstudium zur See für Studenten, und im Sommer mit Phoenix-Reisen als Charterer unter dem alten Namen MS »Deutschland«. Somit hat sich die Trauer vieler »Deutschland«-Fans, sie würden »ihr Schiff« nie mehr erleben, gelegt. Ich bin auf einen Windjammer umgestiegen und fahre ab und an auf der »Sea Clould II«, denn das Meer zu erleben, unter Segeln zu fahren und kleine Häfen anzusteuern, ist unübertrefflich.

Die Romantik lag in den Orten, die wir besuchten, und die Träume erfüllten sich in den Gärten. Unsere Souvenirs sind nicht nur schöne Fotos und Filme, sondern auch einmalige, unvergessliche Erinnerungen. Davon erzählt dieses Buch.

Heidi Howcroft
Oktober 2017

Keltischer Zauber

Felsen, Stechpalmen und Träume:
Ilnacullin, ein irisches Inselparadies

Es zahlt sich aus zuzugeben, dass man keine Ahnung hat. Als Vorbereitung für meine erste Gartenreise nach Irland bat ich Steven aus dem Dorf Ilnacullin um Hilfe. Er ist ein richtiger Guide, führt amerikanische und australische Gäste durch Irland und die Britischen Inseln und besitzt einen Fundus an Informationen. Mehr Schauspieler als Professor hat er die geniale Gabe, Fakten in verdauliche Portionen zu verpacken und gleichzeitig örtliches Flair zu vermitteln. Er war bereit, mir einen Schnellkurs in irischer Geschichte von der Ogham-Schrift (4. Jahrhundert) bis zu den Troubles (21. Jahrhundert) zu geben und seine Top-Tipps mit mir zu teilen: Die *Blue Guides* sind die besten Reiseführer. Niemand kann sich mehr als drei Jahreszahlen merken. Und das Wichtigste: Beziehe den Busfahrer immer mit ein, schließlich ist er (oder sie) ein Mensch und kein Roboter und verfügt über lokales Wissen.

Irland war Neuland für mich, noch dazu hatte ich ein zwiespältiges Verhältnis zu Land und Leuten. In der Schule in Manchester hatten wir nie etwas über Irland gelernt, wir haben uns nur geärgert, dass wir schon wieder evakuiert wurden und mitten im Sportfeld warten mussten, bis die Bombendrohung vorbei war. Niemand hat uns aufgeklärt, warum der Kampf auf das Festland, sprich England, verlagert wurde und warum eine Mädchenschule im Visier der IRA sein sollte. Es war Anfang der 1970er-Jahre. Wir kannten die Straßennamen in Belfast genauso gut wie die von London und fanden es normal, dass es keine öffentlichen Abfalleimer gab. Schließlich waren sie Behälter für Bomben. Irland, ob Republik oder Nordirland, kam damals als Reiseland für Engländer oder Schotten nie in Frage.

Dank Steven wurden meine Wissenslücken gefüllt. Die Engländer haben sich, was die Grüne Insel angeht, nicht gut benommen. Sie haben Irland fünfhundert Jahre lang als Hintertür und mögliches Sprungbrett für eine Eroberung von England betrachtet, als ein Land, das unbedingt zu bändigen und zu beschlagnahmen war. Von der Schönheit des Landes war nie die Rede, nur von Problemen. Mit Stevens Hinweisen, Antonius Bösterlings ausgearbeitetem Gartenprogramm plus einem Stapel Landkarten und natürlich meinem *Blue Guide of Ireland*[1] war ich bestens vorbereitet. Die Route »Rund um die Grüne Insel« mit Halt in Cobh, Bantry Bay, Killybegs, Belfast und Dublin war exzeptionell und wurde in der Tat in seiner Gesamtheit nie wiederholt.

Bantry Bay, ganz im Süden von Irland, ist geprägt von einer widersprüchlichen rauen Schönheit, die eine ganz besondere Ausstrahlung im frühen Morgenlicht hat. Dort aufzuwachen hat etwas Ursprüngliches. Die Landschaft ist nicht dramatisch wie die norwegischen Fjorde, sondern gediegen. Geschliffen vom konstanten Wind und den Wellen des Atlantiks, sind die Hügel

---

[1] Brian Lalor, *Blue Guide of Ireland*, 2004

kahl, die Farben im gelb-braun-tiefvioletten Spektrum mit einzelnen grünen Flecken dazwischen sowie als Kontrast dazu das Wasser, Teerschwarz mit Silberschimmer, so glatt wie ein Mühlenteich. Hier und da waren die dunklen Punkte der Austernbänke zu sehen, ein Fischerboot tuckerte auf dem Weg zurück zum Hafen und Möwen kreisten, als wollten sie uns ausspähen. Zum Glück war ruhiges Wetter, denn wir mussten mehrmals den Wasserweg nehmen, vom Ankerplatz der MS »Deutschland« mitten in der Bucht bis zum Hafen und dann zur Garnish-Insel und wieder zurück. Unser Ganztagesprogramm sah einen Besuch des Ilnacullin-Gartens und des Bambusgartens in Glengarriff vor, mit einer Landpartie dazwischen.

Die Landpartie machte mir von Anfang an Sorgen, es war nichts weiter als eine mehrstündige Busfahrt, um die reizvolle Landschaft vom Fenster aus zu bewundern. Laut Landausflugsprogramm war es nicht nur die Gartengruppe, die in Richtung Ring of Kerry unterwegs sein sollte. Es klang nach Massenausflug. So hatte ich mir den Besuch nicht vorgestellt. Wo blieb die Romantik, wo blieben die Begegnungen mit dem Land, der Zauber?

Angekommen in Glengarriff, musste die kleine Gruppe der Gartenfreunde auf das Boot zur Garnish-Insel warten, Zeit für Fotos und die Gelegenheit für mich, unseren Busfahrer aufzusuchen. Der kleine Gartenbus war auch ohne Schild sofort zu erkennen, ein silbernes Baby unter den großen Ausflugsbussen. Willy, der Busfahrer, stellte sich vor, wir tauschten Telefonnummern aus, ich gab zu, das erste Mal hier zu sein, kein richtiger Guide und noch dazu Engländerin zu sein und Bedenken über die Landpartie zu haben. Wir wollten schließlich das Flair von

Irland erleben und nicht nur durch die Gegend kutschieren. Gäbe es einen Alternativvorschlag? Was würde er Freunden zeigen wollen, wenn sie erstmals bei ihm auf Besuch wären? Wir würden den Garten auf der Insel besuchen und direkt nach dem Mittagessen wieder am Hafen sein. Also genügend Zeit zum Überlegen, wohin es auf der Fahrt ins Blaue gehen könnte.

Die Überfahrt zur Garnish-Insel[2] ist in festen Händen der örtlichen Bootsleute, was verständlich ist, denn Tourismus ist die Haupteinnahmequelle dieser Gegend. Wie Steven vorgeschlagen hatte, fragte ich den Bootsmann, ob es möglich wäre, auf dem Weg zur Insel an den Robbeninseln vorbeizufahren. Es wäre für uns ein Highlight, aber nur wenn es ihm keine Mühe machen würde. Offensichtlich hatte ich, dank Steven, die richtige Taste gedrückt, denn der Bootsmann wachte auf, und als ich ihn fragte, ob das Haus mit dem Schornstein das von Maureen O'Hara[3] sei, verwandelte er sich zum Guide von Glengarriff. Herrlich. So schnell konnte ich gar nicht alles aufschreiben und die Informationen an die Gruppe weitergeben. Die Robben-Überraschung war perfekt, die Tiere lümmelten auf den Felsriffen, manche so gut getarnt, dass man sie erst bemerkte, als sie sich reckten. Kameras klickten, Filme wurden gedreht, Ahs und Ohs schallten in der Kabine.

Um die Einmaligkeit der 15 Hektar großen Garnish-Insel richtig einzuschätzen, muss man unter die Oberfläche schauen. Wie bei Seal Island, wo die Robben ausruhen, waren auch hier früher blanke Felsen mit nur partiellen, spärlichen, dünnen

---

[2] www.garnishisland.com
Adresse: Garnish (Garinish) Island, Glengarriff, West Cork, Ireland
[3] Irisch-amerikanischer Hollywoodstar (1920–2015)

Humusschichten und kaum Bewuchs, dies obwohl der Name Ilnacullin, Insel der Stechpalme bedeutet. Jeder Kubikzentimeter Erde wurde per Boot hergeschleppt, Felsen gesprengt, alles, um einen Garten anzulegen. Aber warum ausgerechnet hier? Bis auf den Boden stimmte alles andere, der Standort, das Klima, um aus dem Nichts einen Traum zu verwirklichen. Entworfen von Harold Peto, einem renommierten Landschaftsarchitekten des frühen 20. Jahrhunderts, ist Ilnacullin ein Stück Italien mitten in einem irischen Fjord, angelegt für den schottischen Abgeordneten und Pflanzensammler John Annan Bryce. Der Kontrast zur Umgebung könnte nicht größer sein, und weil die Vistas Teil des Szenarios sind, wird man stets darin erinnert, wo man sich in Wirklichkeit befindet. Einhundert Männer samt Bauherrn und Architekten arbeiteten drei Jahre lang, um dieses Paradies zu schaffen. Windschutz wurde durch Anpflanzungen errichtet, Loggien, Tempel, Terrassen und Mauern gebaut, Palmen, Fuchsien, Seltenheiten der südlichen Halbkugel und mehr wurden gepflanzt, aber das Wohnhaus wurde nie erbaut. Der Erste Weltkrieg kam dazwischen. So war das Gärtnerhaus die einzige Unterkunft, in der Gäste wie George Bernard Shaw und Annan Bryces Witwe Violet von Zeit zu Zeit wohnten und von wo aus der Gärtner, Murdo Mackenzie, den Garten bis 1971 fünfzig Jahre lang pflegte.

Ilnacullin sollte am besten langsam und mit Bedacht genossen werden, der Italienische Garten ist verblüffend, nicht allein wegen der Gestaltung, auch wegen der Pflanzen, der Farben und des Duftes. Flaschenputzer-Sträucher, *Leptospermum*, Abutilon, Fuchsien, sogar chilenische Stechpalmen *(Desfontainea spinosa)*, frostempfindliche Spezies, die man hier nicht erwarten würde, sind zu finden. Happy Valley, ein langes Tal, fast parallel zu den formaleren Bereichen, gibt den Anschein, beiläufig entstanden zu sein. Die Proportionen sind verzerrt, es wirkt länger und breiter, als es in Wirklichkeit ist. Die Vegetation kriecht einmal von einer Seite, dann von der anderen in den Talboden hinein. Dank Petos gekonnter Gestaltung und Bryces enormem Pflanzwissen wurde eine Illusion der Natürlichkeit geschaffen. Inzwischen haben wir aufgegeben, die Pflanzen zu bestimmen, es sind einfach zu viele, auch mächtige Koniferen, ausladende Rhododendren, Baumfarne. Besser ist es, die Einzigartigkeit des Ortes auf sich wirken zu lassen.

Vom Mortello Turm aus, einem Überbleibsel des Napoleonischen Krieges am höchsten Punkt der Insel, blickt man auf Annan Bryces Welt und die Landschaft der Fjorde. Von hier aus ist die dichte Windschutzpflanzung mit Kiefern *(Pinus radiata* und *Pinus sylvestris)*, Fichten sowie einzelnen Zypressen dazwischen gestellt zu sehen. Der Glockenturm im unteren formalen Teil des Gartens ragt über die Baumkronen empor, eine Erinnerung an die Zeit und daran, dass es noch mehr zu entdecken gibt. Was von oben wie ein weiter Weg aussah, war erstaunlich nah. Trotz der Wolkendecke war es recht warm, insbesondere im ummauerten Garten. Hier gedeihen trotz des feuchten Klimas Rosen und Clematis, Stauden bauen sich beidseits des mittigen Weges auf, Obstbäume, vor allem Spaliere, wachsen in die seitlichen Flächen, wie auch zahlreiche andere Pflanzen. Hier mischen sich vertraute Pflanzen mit exotischen, Rittersporne und Astern gesellen sich zu auffallendem *Pittosporum tenuifolium* 'Garnettii', einem Zierstrauch mit silbrigen, pink umrandeten Blättern.

Nach den geballten Eindrücken tat es gut, die offene Rasenfläche vor der »Casita« zu betreten. Aus dieser Perspektive sah das villenartige Bauwerk mit dem langgestreckten, verandaähnlichen Gang aus, als wäre es einer Plantage in Indian oder Kenia entsprungen. Von der anderen Seite wirkte die Ansicht toskanisch. Es war, als ob Peto und Bryce Ideen und Pflanzen aus der ganzen Welt gesammelt und hier in Ilnacullin vereint hätten: das Formale mit dem Natürlichen, bekannte Pflanzen mit Seltenheiten. Ilnacullin wurde 1953 dem Irischen Staat überschrieben. Dieser betreut und pflegt die Anlage und respektiert den Geist des Ortes, eine großartige Leistung, denn die besondere Stimmung beizubehalten ist alles andere als einfach.

Im Hafen wartete Willy mit strahlendem Gesicht. Die Busfahrer hatten unter sich beratschlagt und waren einstimmig der Meinung, wir sollten nach Gougane Barra fahren. »Dort ist das Herz von Irland. Und ja, es passt in den Zeitplan. Außerdem haben Sie recht, alle anderen Busse fahren Richtung Ring of Kerry.«

Er würde oft mit Schulgruppen dorthin fahren und verstand es nicht, warum ausländische Gruppen selten den Ort aufsuchen, schließlich sei der heilige Finbarr dort zu Hause gewesen. Ahnungslos, wer St. Finbarr war oder wie man ihn schreibt, es klang wie Fnbr, meldeten wir uns beim perplexen Agenten ab. Willys Tour konnte starten.

Willys Irland: Wo die grünen Männer tanzen

In dem Augenblick, als wir von der Küstenstraße abbogen, verwandelte sich das Landschaftsbild. Hecken bauten sich beidseits der schmalen Straße auf, der Wegesrand war mit Fuchsien und Montbretien gesäumt, die Felder waren grüner. In meiner Begeisterung hätte ich beinahe den türkis-farbenen Bentley übersehen. Minuten vorher hatte ein Gast gefragt, ob wir wohl englische Nobelkarossen sehen würden. Und jetzt erschien dieser Schlitten wie gerufen. Steven hatte mir erzählt, dass Angela Lansbury (die Hauptdarstellerin der beliebten Fernsehserie »Mord ist ihr Hobby«) ein Haus in der Gegend habe und mit ihrem markanten blauen Auto ab und an zu sichten sei. Solche Zufälle gibt es nicht. Oder? Wer im Auto war, werden wir nie wissen, auch nicht, ob die Sache mit dem Bentley nur Klatsch ist, aber irgendwie passte es zum Ort und zum Tag.

Willy nahm seine Rolle als Guide ernst und kündigte den Pass an. Wo? Es gab keine Berge, nur eine Erhöhung. Der Pass hatte einen unaussprechlichen Namen, wie vieles in Irland, mit zahlreichen Vokalen und »gh« am Ende, ausgesprochen wie das deutsche »ch« in noch. Ich habe festgestellt, man tut sich leichter mit Irisch, wenn man es wie Deutsch ausspricht statt wie Englisch. Vielleicht leben deshalb so viele Deutsche in Irland.

Der Pass of Keimaneigh, der Pass der Rehe, ist eine karge Kalksteinschlucht, ähnlich einem Steinbruch mit zahlreichen Felsbrocken und Steinen, als hätte sie ein Riese um sich gestreut. Auffallend sind die alpine Flora, die zarten Blumen und kriechenden Gewächse in den Steinritzen. Etwas für die Rückfahrt. Einmal über dem Pass, öffnet sich die Landschaft, Wälder noch und noch, kaum Felder, kein Anzeichen von Besiedlung, aber dafür Berge. Willy bog nach links ab, fuhr eine kurvenreiche Straße hinunter, und plötzlich waren wir im Kessel mit einem See an einer Seite und grünen Hängen, die sich emporhoben, auf der anderen Seite. Dazwischen stand ein Hubschrauber vor einem gelblichen Haus, geparkt auf einer der wenigen ebenen Flächen, als sei es das selbstverständlichste Transportmittel in dieser Gegend.

»Eine Hochzeit zu sehen, bringt Glück«, kam als Erklärung von Willy. »Hätte ich mir denken können, heute ist Samstag. Hier ist es, wo Finbarr, der Heilige der Grafschaft Cork, den letzten Drachen Irlands erschlagen hat. Es ist ein besonderer Ort.«

Dass hier alles andersartig ist, dämmerte uns allen. Woran es lag, war uns nicht klar. Schräg gegenüber dem Hotel, direkt am Wasser auf einem etwas erhöhten Stück Land, das in die See sticht, liegt eine Ruine, vielmehr ein Labyrinth von Mauerresten. »Hier war das Kloster, es werden immer noch Gottesdienste auf der Insel abgehalten.« Bevor wir uns aber umsehen konnten, fuhr Willy weiter. Stets umsichtig, dachte er an einen *comfort stop*. Bei organisierten Ausflügen stehen WC-Anlagen ganz oben in der Liste der Prioritäten. Der erste Eindruck einer Sehenswürdigkeit ist oft die örtliche Toilette, und sie ist selten schön. St. Finbarrs See ist die Ausnahme. Nach dem Muster eines keltischen Rundhauses, samt Rieddach, aber sachlich modern mit weiß verputzten Wänden, hatte das Forstamt das schönste Toilettenhäuschen Irlands mitten im Wald errichtet. Aber warum? Ringsherum waren Bäume und außer einem einzigen anderen Fahrzeug waren wir alleine. Zu höflich zu fragen, ob dies das Ziel der Reise sei, stiegen alle brav aus. Wer nicht zur Toilette ging, bewunderte das Bauwerk, denn es gehört in die Seiten einer Architekturzeitschrift. Zwischenzeitlich erklärte mir Willy, es kämen viele Besucher hierher, besonders an St. Finbarrs Tag am 26. September. Noch dazu sei die Gegend um Gougane Barra der erste Nationalpark Irlands, eingeweiht 1964. Für Irland also ein wichtiger Ort aus mehrfachem Grund.

Kaum fünf Minuten, nachdem wir wieder im Bus saßen und auf den Forststraßen weiterfuhren, war es als ob sich ein Vorhang öffnen würde. Wie bestellt, erleuchtete ein seitlicher Sonnenstrahl den Wald. Hunderte unterschiedliche Grüntöne kamen zum Vorschein. Statt dunkel, kahl und bedrohlich, war der Nadelwald saftig und frisch. Lärchen und Sitkas ragen in die Höhe, Farne und Moose bedecken den Boden, schöner als in einem japanischen Garten. Ein kollektives »Ah« ging durch den Bus. Dies musste man aus der Nähe sehen, riechen und betasten. Willy hielt an und staunte, als wir das Moos streichelten. So schön, wie es aussah, roch es, der undefinierbare Duft von Farnen und Harz, gemischt mit Feuchtigkeit. Sanfte Luft streichelte unsere Haut, besser als jede Hautcreme. Wären die Leprechauns, die irischen Kobolde, jetzt erschienen, hätte es uns nicht gewundert. Hier war unser »Topf mit Gold«, ein einzigartiger Naturgarten, so zauberhaft und einmalig, dass er sich meinem Gedächtnis eingeprägt hat und seither als Vorbild dient. Paradies in Grün.

Willy hatte versprochen, dass wir bei den Ruinen halten würden, sie seien sehenswert, vor allem der Blick auf den See. So zerrten wir uns doch von dem magischen Ort weg, stiegen in den Bus und fuhren schweigend durch den Forst weiter. Plötzlich öffnete sich ein Panorama vor uns. Der dunkle See, die steilen Berge, der Umriss der kleinen Kapelle, umzingelt von Menschen, breitete sich vor uns aus. Die Hochzeitspartie kam aus der Kirche, und dies sollten wir Willys Meinung nach sehen. Glück kann jeder gebrauchen.

Die Braut hätte die Inspiration für Walt Disneys Schneewittchen sein können: Klare weiße Haut, rabenschwarze lange Haare, schlank mit einer spielerischen Eleganz, eine irische Schönheit. Aller Augen waren auf sie gerichtet, und alle Herren waren sofort in sie verliebt, der Bräutigam einfach nur mehr ein Statist. Weil die Kapelle nur Platz für fünfzig Personen bietet, war die Hochzeitsgesellschaft überschaubar, absolut passend zum Ort. Fotos wurden geknipst, von uns und den anderen Gästen, der Profifotograf bemühte sich, das Brautpaar ins beste Licht zu stellen – bei dem Hintergrund keine so schwierige Aufgabe.

Eigentlich hätten die Ruinen Mittelpunkt unseres Interesses sein sollen, aber wer bekommt schon so eine Schau geboten. Die »Insel«, auf der St. Finbarr sein Kloster Ende des 6. Jahrhunderts gegründet hatte, war in der Tat eine Halbinsel. Sie war an der schmalsten Stelle an Land gebunden und schob sich wie ein Faust in den See. Die Ruinen selbst stammen aus dem Jahr 1700 und sind eine Nachbildung, samt angedeuteten Kreuzstationen und dem Altar der früheren Kapelle. In diesem Ort der Einsamkeit wurde der von den englischen protestantischen Herrschern verbotene römisch-katholische Gottesdienst bis ins

20. Jahrhundert abgehalten. Geschichte und Legenden verschmelzen in Gougane Barra; wenn der Drache vorbeigeflattert wäre, es hätte uns nicht überrascht. Eine besondere Stimmung lag in der Luft, ein Gefühl von Ruhe, Geborgenheit und der Zugang zu einer anderen Zeit, in der die Natur und die Elemente bestimmend gewesen waren.

Der letzte Halt des Tages war der fünf Hektar große Bambuspark[1] von Glengarriff direkt an der Bucht. Große, dicht stehende Koniferen säumen die Straßenfront dieses neuesten Gartens Glengarriffs. Ähnlich wie Annan Bryce hatte auch Serge de Thibault eine Vision dessen, was er erreichen wollte, eine dschungelähnliche Sammlung von Bambus und dazu Palmenhaine. Eröffnet im Jahr 2000, ein Jahr nach der Gründung, war die Anlage noch in der Entwicklungsphase. Das Klima ist für Bambus wie geschaffen. Über dreißig Arten gedeihen im Park, zusammen mit zahlreichen Palmen und Baumfarnen.

Die größte Überraschung ist jedoch nicht etwa die beachtliche Wachstumsrate des Bambus, sondern der angrenzende, verwilderte alte Garten von Lady Ardiliaun, der nahtlos in den Park übergeht. Angelegt Anfang des 20. Jahrhunderts, hatte der Garten eine gewisse Verwandtschaft mit Sammlergärten wie The Lost Gardens of Helligan, angelegt im 19. Jahrhundert, die man in Cornwall antrifft. Wege waren zwischen den Gehölzen erkennbar, aber kaum passierbar, da die Vegetation von allen Seiten herandrängte. Die Topografie und das Ausmaß des Gartens konnte man nur erahnen, die Böschung schien sich bis zum

---

[1] www.bamboo-park.com
Adresse: Glengarriff Bamboo Park, Glengarriff, Co. Cork, Ireland

Wasser zu erstrecken, aber auch das konnte eine Illusion sein. Niemand schien sich großartig um das Schicksal des alten Gartens zu kümmern, aber bei der Größe der Gesamtanlage war dies nicht verwunderlich.

Gleich zu Beginn meiner Tätigkeit als Garten-Guide wurde mir ans Herz gelegt, wie wichtig für den Ablauf einer Schiffsreise die Pünktlichkeit sei. Abfahrtszeiten waren strikt einzuhalten, wer zu spät kommt, muss zusehen, wie er weiterkommt. Als es zur vereinbarten Zeit keine Spur von Willy und dem Bus gab, wurde ich nervös. Bisher hatte alles wunderbar geklappt, warum nicht auch jetzt? Ein Anruf bei Harold, dem Chef der Touristik an Bord der MS »Deutschland«, klärte alles; alle anderen Ausflugsbusse standen im Stau auf der Straße zwischen Glengarriff und Kemare und würden sich verspäten, aber der Gartenbus war zu uns unterwegs. Kaum war das Gespräch beendet, stand Willy vor uns und entschuldigte sich mehrmals für die Verspätung. Kleinbusse sind Mangelware, und er habe die Schulkinder nach Hause fahren müssen. »Sie wissen, wie die Straßen sind. Die großen Busse haben keine Chance.«

Es stimmt, wir haben es erlebt, und dank ihm auch das Herz von Irland. Müde, aber begeistert verabschiedeten wir uns von unserem Spezialführer. Der Hafen war bis auf das Tenderboot der MS »Deutschland« leer. Außer einer Handvoll Passagiere, die selbstständig unterwegs waren, hatten wir die Tender für uns allein. Welch ein Luxus! Die besinnliche Ruhe setzte sich auf dem Schiff fort, denn die Busse hingen immer noch im Stau. So konnten wir die einmalige Landschaft von Bantry Bay bei einem Pils an der Bar »Zum alten Fritz« auf uns wirken lassen. Willy hatte Recht, eine Hochzeit zu sehen bringt Glück!

Hilfe, Mücken! Gärten an Schottlands Westküste

Es ist ganz selten, dass das Rauchen auf Reisen explizit erwünscht ist; verbringt man den Sommer an der Westküste von Schottland, so ist dies jedoch eher die Regel. Raucher sind plötzlich beliebt, gefragt und werden als Retter in der Not betrachtet, denn gegen die »midges« gibt es kein besseres Mittel als das Qualmen. Wie mein damals sieben Jahre alter Bruder bei einem Schottland-Urlaub mit meinen Eltern feststellte, ist das wahre Monster von Loch Ness nicht etwa ein Ungeheuer, das in der Tiefe des Gewässers lauert, sondern die Existenz von Abermillionen *midges*, Kleinst-Mücken mit Kamikaze-Fähigkeiten, die einen Schottlandbesuch ruinieren können.

Dass sie in der kargen, rauen Landschaft existieren und sich derartig vermehren können, ist eigentlich ein Wunder. Die Überlebenskraft der kleinen Insekten wäre bewundernswert, wenn sie nicht so unangenehm wären. Gärtner der nördlichen Küstenstrecke kennen die Taktik dieser Biester nur zu gut und tragen bei der Gartenarbeit eine Imkerausrüstung oder mindestens einen Tropenhut mit feinem Netz, das über die Schultern drapiert ist. Hosenbeine und Ärmel werden mit Gummibändern fest zugeschnürt, was seltsam aussieht. Wer denkt angesichts dieser unangenehmen Angreifer schon an modische Trends?

Warum fährt man freiwillig in die Gegend, wenn die allgegenwärtigen Mücken so schlimm sind? Der einzige Grund sind die Gärten. Angesichts ihrer Lage auf 57 Grad nördlicher Breite – und damit näher am Polarkreis als St. Petersburg – und noch dazu vom Winde verweht würde man meinen, dass die Küste zwischen Inverewe im Süden und Ullapool im Norden menschenverlassen sei. Dass es hier einen der besten Gärten Schottlands gibt, gehört wohl zu den großen Wundern der Gartenwelt.

Um sich der enormen Leistung der Besitzer und Gärtner bewusst zu werden, muss man vor Inverewe Gardens[1] anhalten, ringsumher blicken, die milde Luft schnuppern und auch den Mücken begegnen. Das Wetter drückt von allen Seiten heran, Wolken sitzen auf den Torridon Hills, dem Hochgebirgszug, dessen Silhouette diesen Teil von Wester Ross bestimmt. Die Torridon Hills sind mit etwa 1000 Höhenmetern niedriger als die Alpen, was aber nicht bedeutet, dass sie für den unerfahrenen Wanderer weniger gefährlich sind. Wiedererkennungsmerkmale sind in dieser doch kargen, baumlosen Landschaft sparsam verteilt. Sümpfe überraschen, Bäche erscheinen aus dem Nichts, braune und graugrüne Töne überwiegen und werden nur im August durch Purpurflecken von Heide unterbrochen.

Während es in den Bergen kühl ist, wirkt es an der Küste erstaunlich mild und auch heller. Fjorde ziehen bis ins Landesinnere hinein, mal kürzer, mal länger; ihre Hänge sind sanft, gar gefällig, die herausstechenden Landzungen von Steinen, Heide

---

[1] www.nts.org.uk/Visit/Inverewe/
Adresse: Poolewe, Achnasheen Wester Ross IV22 2LG

und Adlerfarn geprägt. Bäume sind selten, Wald ist noch rarer. Trifft man eines von beiden an, ist dies oft ein Anzeichen, dass hier etwas Interessantes zu finden sein könnte. Und genau das ist der Fall, wenn man vom Norden kommend erstmals auf den Rücken der Halbinsel von Inverewe schaut. Die Wipfel von Kiefern, Birken, Ebereschen, sogar Baumkronen von Buchen wagen es, sich in die Höhe zu recken, bevor ihr Wachstum abrupt vom Wind gebremst wird.

Osgood MacKenzie, wohlhabender Sohn aus zweiter Ehe des örtlichen *laird*, also eines schottischen Großgrundbesitzers, erkannte das Potential der Halbinsel von Inverewe schon gegen Ende des 19. Jahrhunderts und ließ sich weder durch den Wind noch vom Humusmangel abhalten, hier seinen Traum voneinem repräsentativen Haus mit Garten zu verwirklichen. Er war von der Aussicht auf die Berge nach Osten und dem Klima begeistert; Erde konnte man anfahren, Windschutz durch Bepflanzung schaffen und Böschungen begradigen. Dank des Golfstroms ist es auf Inverewe erstaunlich mild, mit wenig oder kaum Bodenfrost und mäßigen Temperaturschwankungen zwischen Winter und Sommer zu rechnen. Die langen Sommertage kompensieren die kurzen Wintertage so sehr, dass es Osgood bereits 1880 trotz der Salzwinde gelang, einen Waldgürtel um sein Grundstück zu etablieren.

Oberhalb des südwestlichen Hangs ließ er, verziert mit Türmchen und Giebeln, ein Mini-Schloss errichten, Inbegriff des romantischen, schottischen Baronenstils, der sich zu Zeiten Königin Victorias großer Beliebtheit erfreute. Osgoods Ambitionen im Hinblick auf den Garten waren dagegen in erster Linie praktischer Art, und so sollte auf dem abfallenden Gelände ein üppiger Nutzgarten entstehen. Da es keine ebenen Flächen gab, ließ Osgood den Strand überbauen, errichtete Stützwände sowohl zum Wasser als auch zur anderen Seite, zur Zufahrt, hin und füllte diesen Bereich mit einer Erdbodenmischung aus unterschiedlichen Quellen auf, sodass sich mehrere Terrassen ergaben.

So veränderte Osgood zwar die Topografie des Geländes, der Grundriss des Gartens aber passte sich den Konturen der Bucht an und weist somit eine ungewöhnliche, parabelförmige Gestalt auf. Durch diese Form wurde die Formalität der Beete und der Wegeführung entschärft, die Struktur erscheint geschmeidig und sanft. Mit Gemüse, Beerenobst, Spalierobst und Schnittblumen gefüllt, war dies Osgoods Garten, der Rest wurde einfach als »Wald« bezeichnet. Was hätte Osgood wohl gesagt, wenn er gewusst hätte, dass es gerade sein »Wald« ist, der heute Besucher aus nah und fern nach Inverewe lockt. Dieser Garten ist in seinem Pflanzenangebot einzigartig; ihn zu durchqueren ist wie eine Reise über die Kontinente, denn Pflanzen aus aller Welt sind hier zu finden.

Inverewe muss man mit allen Sinnen erleben: die Temperatur auf der Haut, die Düfte, die Farben, die Ausblicke und – nicht zuletzt – die Geräusche. Das Zwitschern der Vögel, der durch die Baumkronen pfeifende Wind, das Summen der Bienen und gelegentlich auch das Schwappen der Wellen wirken wie Musik. An bedeckten Tagen kann die Wärme erdrückend sein, Feuchtigkeit klebt dann an Haut und Kleidung. Im Frühling und Herbst kann man sich helfen, indem man Mantel, Jacke oder Pulli ablegt, im Sommer, zur Hochsaison der Mücken, ist es besser zu schwitzen. Oder man sprüht sich von oben bis unten mit einem Mückenspray ein!

Aber auch in diesem Fall sind bereits beim Anblick der Pflanzen entlang der Zufahrt sämtliche Ärgernisse schnell vergessen. Eukalyptus in Schottland! Nicht etwa die gewöhnlichen Arten, sondern feuchtigkeitsliebender *Eucalyptus coccifera* aus Tasmanien, gepflanzt 1880 von Osgood MacKenzie selbst. Dazwischen Neuseeländer Flachs *(Phormium tenax)* sowie weitere für den Breitengrad exotische Pflanzen aus Neuseeland, die sich, wenn man ihre Größe betrachtet, augenscheinlich in Schottland sehr wohl fühlen.

Auf der anderen Seite des breiten Weges, der auf das Haus zuläuft, erstreckt sich eine lange, dichte Hecke aus Rhododendren, deren Äste so eng vernetzt sind, dass weder Wind noch Blicke hindurchdringen. Nur an einer Stelle wird die Hecke durch einen kleinen Ausguck unterbrochen. Die Aussicht von hier über das Wasser zu den Bergen hin ist bezaubernd, wird aber durch die Draufsicht auf den weiter unten liegenden Nutzgarten noch übertroffen. Ist die Flut auf ihrem höchsten Stand, so reicht das Meer direkt bis an die Stützmauer des Gartens heran, bei Ebbe offenbart sich ein kleiner Strand. Der Nutzgarten ist in seinem Ansatz formal, wirkt aber durch die Mischung von Gemüse und Blumen heiter und locker.

Folgt man der Zufahrtsstraße, trifft man auf das Haus. Osgoods Traumhaus brannte 1914 ab und wurde 1937 durch ein schlichteres und kleineres Haus ersetzt. Während das alte Haus ambitioniert und groß war, wirkt das heutige Inverewe House fast ein wenig zu klein. Die Vegetation rückt ihm von allen Seiten zu Leibe, nur die Rasenfläche vor dem Haus scheint ihm etwas Luft und Raum zu verschaffen. Bevor man sich aufmacht, um als nächstes den »Wald« zu erkunden, ist es ratsam, hier kurz Platz zu nehmen, das lange, bunte Staudenbeet vor dem Haus zu bewundern und sich eine Strategie für das weitere Vorgehen zu überlegen. 20 Hektar kann man unmöglich durchforsten, noch dazu, wenn man nach jedem Schritt stehen bleibt, um die Pflanzen oder den Blick zu bewundern.

Ein Labyrinth aus Wegen, manche kaum mehr als ein Pfad, zieht sich über die ganze Böschung oberhalb und seitlich des Hauses. Alles scheint hier bunter und größer als andernorts zu wachsen. Der Frühling mag die beste Zeit sein, um die Rhododendren zu bewundern, aber der Juli ist der Monat, in dem die Tasmanische Scheinulme *(Eucryphia lucida)*, eines der zahlreichen exotischen Gehölze im Garten, ihre weißen Blüten zeigt. Genau wie die Hanfpalmen *(Trachycarpus)* und Laternenbäume *(Crinodendron hookerianum)* erweckt auch sie beim kundigen Besucher den Eindruck, in Neuseeland zu sein. Beim Anblick der Mammutbäume *(Sequoiadendron giganteum)* fühlt man sich hingegen auf den nächsten Kontinent, nach Kalifornien, versetzt.

Einer meiner Lieblingsbereiche ist der kleine Teich oberhalb des Hauses. Er wirkt wie eine Lichtung im Wald, die Wasserfläche ist mit Seerosen geschmückt, die Blätter sind mit einem bronzenen Schimmer versehen, der sich im direkt an den Teich angrenzenden Saum aus Schaublatt *(Rodgersia)* widerspiegelt. Hortensien, Pieris, Azaleen und viele andere Pflanzen mehr bauen sich im Halbschatten der Bäume auf. Dank einer leichten Brise, die über die Baumkuppen nach unten weht, ist dieser Bereich erfreulicherweise mückenfrei. Es ist wunderschön zu sehen, wie selbstverständlich die Exoten und Raritäten in diesem Garten ihren Platz einnehmen und eine Überlagerung von Formen und Farben hervorbringen, die einen immer wieder entzückt.

Mairi Sawyer, Osgoods Tochter, setzte die Arbeit ihres Vaters fort, als sie nach seinem Tod 1922 den Garten übernahm. Der Steingarten unterhalb des Hauses geht auf ihre Initiative zurück. 1937 pflanzte sie die einzigartige panaschierte Türkische Eiche seitlich des Hauses, die damals wie heute die Besucher begeistert. Mairi überschrieb Haus und Garten 1952 dem National Trust in Schottland mit der Auflage, den Garten der Öffentlichkeit zugänglich zu machen. Es ist der Organisation gelungen, den einzigartigen Charakter der Anlage zu erhalten und Ergänzungen und Erneuerungen im Sinne von Osgood MacKenzie und seiner Tochter auszuführen. Die Gärtner von Inverewe arbeiten mit und nicht gegen den Geist des Ortes, und das Ergebnis ist ein Garten, der auch im 21. Jahrhundert seine Individualität behalten hat.

Da wir noch einen ganzen Tag zur Verfügung hatten, entschied ich mich, mit der Gruppe einen zweiten Garten aufzusuchen, den auch ich noch nicht kannte. Und wie so oft, erweisen sich die unerwarteten Entdeckungen als wahre Offenbarungen. Unsere Busfahrerin kannte den Garten von Dundonnell House, der im Rahmen von Scotland's Gardens[2] gelegentlich geöffnet wird, und hatte keine Probleme, den Kleinbus über die schmale, alte Brücke zu steuern. Das weiß getünchte, alte Haupthaus steht, umgeben von Rasen, für sich; die Nebengebäude, die Stallungen, Scheunen und Cottages, liegen mit etwas Abstand auf der anderen Seite der Zufahrt. Es war auffallend, wie still und geborgen die Anlage wirkte. Früher ging es deutlich lebhafter zu, denn hier befand sich der Stammsitz des MacKenzie-Clans. Statt

---

[2] www.scotlandsgardens.org

exponiert am Wasser wie Inverewe House, liegt dieses Anwesen in einem Tal in unmittelbarer Flussnähe, umgeben von Weiden, Wald und Quadratkilometern an Hochmoor. Wie das Wohnhaus geht auch der ummauerte Garten auf der Gebäuderückseite auf das 18. Jahrhundert zurück. Viele ummauerte Nutzgärten sind über die Jahre aufgelassen worden, nicht aber der von Dundonnell, dem über mehr als zwei Jahrhunderte Zuneigung und Liebe geschenkt wurden.

Will Soos, der uns begrüßende Gärtner, war erst seit zwei Jahren hier im Garten angestellt, aber man spürte seine Begeisterung. Er hatte vorher Berufserfahrungen in Inverewe gesammelt, und freute sich, nun hier unter gänzlich anderen Bedingungen arbeiten zu können: Nur einen Hektar groß und in geschützter Lage, weit weg von den Salzwinden und deshalb mit besserem Luftaustausch bedacht, bietet der zudem als privates Refugium gedachte Garten gänzlich andere Gestaltungsmöglichkeiten. Über dem Garten liegt eine romantische Stimmung, Kletterrosen hängen an den Wänden, Blumen purzeln über den Rand der Beete, Skulpturen sind hier und da im Garten verteilt, mal klein, mal groß, aber immer stimmig platziert. Häufig findet man in Gärten dieser Art offene Flächen, die jeweils ausschließlich Obst, Gemüse oder Schnittblumen gewidmet sind; ganz anders hier, wo viele Solitärbäume über den Garten verteilt stehen. Ihr Schattenwurf verleiht diesem besondere Tiefenwirkung.

Die strukturbildenden Elemente wie die Mauer, die Wegführung sowie die Bäume sind historisch, die Füllung des Gartens aber ist zeitgenössisch. Bestechend ist, dass der Garten seine Struktur nicht auf den ersten Blick preisgibt; so bemerkt der Besucher der vier Quadrate diese erst, wenn er direkt davor steht.

800 Meter Hecke ziehen sich durch den Garten und bilden innerhalb eines jeden Karrees eigene Räume und damit einen geheimen Garten für sich, der zum Entdecken einlädt. Einer ist geprägt durch einen Bergahorn, ein anderer durch eine Skulptur. Diese Gärten innerhalb des Gartens haben einen besonderen Reiz und stehen in Kontrast zu den blumengefüllten Randbereichen, wo Jasmin und Clematis, gelbe Knöpfe von *Rosa banksiae* 'Lutea' sowie gelber Scheinmohn *(Meconopsis chelidonifolia)* gedeihen.

Überragt werden alle diese Pflanzenschätze von einer alten Stechpalme und einer noch älteren Eibe. Will erzählt, dass die MacKenzies überall dort, wo sie sich niederließen, Stechpalmen *(Ilex aquifolium)* pflanzten. Warum die Eibe gepflanzt wurde und von wem, sei jedoch nicht überliefert. Die Kombination der alten und ehrwürdigen Bäume, der knirschenden Kieswege, des perfekten Rasens und der lässigen, aber gepflegten Blumenbeete macht den Garten zu einem stimmungsvollen und faszinierenden Ort, der zudem – man höre und staune – absolut mückenfrei ist! Ob dies den silbrig-schimmernden Lachsen im Fluss zu verdanken ist, werden wir nie wissen; aber in diesem Garten wären wir gerne noch länger geblieben.

Eine Überraschung auf den Orkneys:
Der Garten bei Scapa Flow

Manchmal muss man seinem Instinkt folgen. So war es im Fall von Carolines Garten auf Mainland Orkney. Man fährt nicht wegen der Gärten auf die Orkneys. Beim Anblick der kargen, baumlosen, leicht gewellten grünen Landschaft mag man sich fragen, warum man überhaupt hier haltmacht. Ist es nur, um die Schiffsreise zu unterbrechen? Kenner wissen schon, warum.

Die Inseln sind geschichtsträchtig. Hier zählt man nicht in Jahrhunderten, sondern in Jahrtausenden. Heute schottisch, waren die Orkneys bis 1468 Teil von Norwegen. König Christian von Dänemark und Norwegen konnte die notwendige Mitgift für seine Tochter Margarethe nicht aufbringen und überschrieb die Orkneys und die Shetlands seinem neuen Schwiegersohn Jakob III. von Schottland. Obwohl an der engsten Stelle nur zehn Kilometer vom schottischen Festland entfernt, zwischen dem Atlantischen Ozean und der Nordsee gelegen, haben die Inseln doch mehr Gemeinsamkeiten mit ihren skandinavischen Nachbarn. Die Wikinger haben ihre Spuren überall auf Mainland Orkney hinterlassen. Die herrliche St.-Magnus-Kathedrale, gegründet 1137 von Rognvald-Kali, dem Grafen von Orkney, und erbaut auf einer Anhöhe im romanischen Stil aus örtlichem rotem wie auch gelbem Sandstein, prägt die Hauptstadt Kirk-wall.

Graffiti aus der Zeit der Wikinger sind an den stehenden Steinen des Ring of Brodgar zu sehen, die Wikinger haben diesen Steinkreis aus den Jahren 2500 bis 2000 vor Christus genauso bewundert wie wir heute. Damals war der Kreis intakter, aber auch heute bilden die verbliebenen 27 riesigen Steine, es waren ursprünglich 60, zusammen mit den sie umgebenden Monolithen und Hünengräbern eine historische Landschaft ohnegleichen. Allein aufgrund ihrer Ursprünglichkeit berührt sie mich mehr als Stonehenge, das unweit von meinem Wohnort in Südsomerset liegt. Beim Ring of Brodgar ist der Kontext sichtbar, die Frischwasserseen beidseits des schmalen Dammes, der eine Achse zwischen den Steinen von Stenness und denen von Brogdar bildet, die schützenden niedrigen Hügel in der Ferne, die eine Art Kessel bilden, und der Horizont. Man spürt die Vergangenheit und versteht, weshalb man diese Stelle inmitten der Insel als Versammlungsplatz für die Bevölkerung gewählt hat.

Unter der Oberfläche von Mainland Orkney verbirgt sich mehr als auf ihr. 1850 wurde während eines Sturms ein Teil eines neolithischen Dorfs an einer Bucht an der Nordwestküste freigelegt. Skara Brae[1] war vor Stonehenge bewohnt und vor den ägyptischen Pyramiden gebaut worden. Inschriften entlang dem Weg zu dem erstaunlich gut erhaltenen Dorf, einem Baukomplex von vertieften Steinbauten mit gewölbten, fast iglu-artigen Dächern, verdeutlichen den historischen Kontext. Das Erstaunliche je-

---

[1] www.historicenvironment.scot/visit-a-place/places/skara-brae
Adresse: Skara Brae, Sandwick, Orkney KW16 3LR

doch ist, dass Skara Brae nicht das einzige Dorf aus dieser Zeit ist. Ein Blick auf die Landkarte zeigt, wie viele historische Denkmäler es auf der Insel gibt; kein Wunder, dass die UNESCO die neolithische Landschaft zum Weltkulturerbe ernannt hat.

Trotz aller Begeisterung für das historische Erbe interessiere ich mich auch für die Gegenwart, und so hielt ich bei jedem Besuch Ausschau nach Gärten. Oft sahen wir nur einen Saum orange blühender Montbretien am Wegesrand oder Feuchtwiesen, bedeckt mit weißem, flauschigem Wollgras. Der interessanteste Garten schien die Natur zu sein, vor allem die Wiesen, die direkt angrenzen an den Parkplatz des Ring of Brodgar. Da sie übersät waren mit Wildblumen wie Knabenkraut, Wollgras, Frauenmantel, Hornklee und mehr war es erstaunlich, dass nicht mehr Besucher auf dem Holzweg stehen blieben. Aber die meisten waren in Eile, raus aus dem Reisebus, schnell zum Kreis, schnell zurück und weiter zum nächsten »Steinhaufen«.

Bei jedem Besuch drehten die Busfahrer eine andere Runde mit uns, froh, uns trotz der knappen Zeit etwas mehr von der Insel zeigen zu können. Dabei war auffallend, wie viele neuzeitliche Ruinen es gab. Die Crofts, Einsiedlerhöfe, die typisch sind für Schottland und Irland, haben früher das Landschaftsbild bestimmt. Sie bestanden aus einem flachgestreckten Haus mit selten mehr als zwei Zimmern, einem daran angrenzenden Stück Land, das ausreichend war, um ein paar Schafe zu halten und Kartoffeln anzubauen, und abseits liegenden Parzellen auf dem Hochmoor, wo der *crofter* das Recht hatte, Torf zu stechen. Selbstversorgung stand als Grundgedanke dahinter. Mein eigener Name führt zurück auf diese Lebensart, die Howcrofts waren die Einsiedler auf dem *how*, dem Hügel. Aus Nordengland stammend, hatten sie, wie die *crofters* von Orkney, mit schlechten Bodenverhältnissen und Wetterbedingungen zu kämpfen. Kein Wunder, dass so viele von ihnen im 19. Jahrhundert ein neues Leben in Übersee gesucht haben.

Völlig überzeugt davon, dass es vorzeigewürdige Gärten auf Orkney geben müsse, ließ ich nicht locker. Alle Dörfer oder Kleinstädte im Vereinigten Königreich haben doch einen Gartenclub, und jeder veranstaltet einen Tag der offenen Gartenpforte für Wohltätigkeitszwecke. 2013 fand ich endlich einen Hinweis auf das Orkney Garden Festival. Damals waren neun Gärten aufgeführt, mittlerweile, 2017, sind es vierunddreißig. Die knappe Beschreibung gab keinen richtigen Hinweis darauf, wie die Gärten aussehen, also suchte ich den aus mit dem romantischsten Namen und dem interessantesten Standort, The Quoy of Houton. Alles war arrangiert, aber ich musste absagen. 2016 sollte eine Gartenreise dorthin führen, sie wurde aber wieder mal storniert. Allmählich wurde es mir peinlich, und beinahe hätte ich es sein lassen.

Als die Gartengruppe der »Sea Cloud II« bei blauem Himmel auf dem Hof von Quoy of Houghton stand, sprach ich einen leisen Dank aus, dass Caroline Critchlow alles so locker genommen und mein Instinkt nicht versagt hatte. Die Lage des ehemaligen Gutsverwalter-Hauses an der kreisrunden Bucht von Houton mit Blick auf die Wassermassen von Scapa Flow[2], der geschichtsträchtigen Tiefwasserbucht, ist atemberaubend.

---

[2] Tiefwasserbucht, in der Flotten über Jahrhunderte Schutz suchten. Ort der Selbstversenkung der deutschen kaiserlichen Flotte im Jahre 1919 und letzter Ruheplatz der HMS »Royal Oak«, die 1939 durch das deutsche Unterseeboot »U 47« versenkt wurde.

Gebremst nur von der leichten Erhebung zum Landesinneren, breitet sich der Horizont vor einem aus. Wenn Gärtnern ein Leistungssport wäre, würde Caroline Critchlow eine Goldmedaille bekommen, denn was die Engländerin im hohen Norden in ihrem 2000 Quadratmeter großen Garten geleistet hat, ist bewundernswert.

Auf dem 59. nördlichen Breitengrad kann man nicht erwarten, blumenreiche Gärten wie in England anzutreffen. Die Gegebenheiten sind anders, der Schwierigkeitsgrad ist um einige Stufen höher, man ist froh, wenn Pflanzen überhaupt gedeihen. Und wenn noch dazu die Gestaltung stimmt, ist dies ein Bonus. Nicht ohne Grund sind die meisten der 70 Inseln der Orkneys unbewohnt. Der Wind ist extrem, unberechenbar und mit Salz beladen. Er fegt aus allen Richtungen über die offene Landschaft und drückt alles platt. Tage mit einer Windgeschwindigkeit von 80 Kilometern pro Stunde sind hier nicht ungewöhnlich. Bäume haben keine Chance, und Gärten sind nur möglich, wenn man Windschutz schafft.

Als Caroline und ihr Mann Kevin 2006 Quoy of Houton[3] in Orphir kauften, gab es keinen Garten, nur ein kleines, rechteckiges Feld vor dem Haus mit umlaufender Natursteinmauer und mittigem Feldgatter zwischen zwei markanten, von kleinen Hauben gekrönten Säulen. Der Wirtschaftshof mit der alten Scheune und mit Nebenbauten war ebenfalls ohne Pflanzen, sogar trist; im Sommerhaus ausgestellte Fotografien dokumentieren den Zustand. Das puppenhausähnlich verputzte Haupt-

---

[3] www.orkneybedandbreakfast.org.uk/about/
Adresse: The Quoys of Houton, Orphir, Orkney KW17 2RD, Scotland

gebäude war grau und mit Ausnahme der abgetreppten Giebelwand, des Treppengiebels, nicht bemerkenswert.

Kurz nachdem das Ehepaar eingezogen war, erkrankte Kevin an einem Gehirntumor. Gelähmt und mit eingeschränkter Koordination, machte es sich der ehemalige Bauer zum Ziel, Caroline im Garten zu unterstützen, indem er Trockensteinmauern als Windschutz baute. Ursprünglich aus der Grafschaft Derbyshire in England stammend, wo Natursteinmauern wie auf den Orkneys Teil der Landschaft sind, hat Kevin eine eindeutige Begabung für das Schichten von Bruchsteinen. Auf seinem Bauernhof musste er stets die Mauern reparieren, und hier, wie er es mit einem Lächeln ausdrückte, »in Derbyshire am Meer«, nutzte er die Chance, sich selbst wieder aufzubauen.

Seine Situation hat mich tief berührt, denn mein Bruder Peter hat viele Gemeinsamkeiten mit Kevin. Auch er war gelähmt, musste von Neuem lernen, mit seinem Körper umzugehen, und er hat sich mit Handwerken mühsam die Koordination zurückerarbeitet. Peters Leidenschaft gilt dem Holz, die von Kevin dem Naturstein. Die wunderschönen Sandsteintrockenmauern im Eingangsbereich des Gartens sind Zeugnisse von Kevins Zähigkeit und handwerklichen Fähigkeiten. Nicht nur die Ausführung, sondern auch die eingearbeiteten Blumenmotive beweisen sein verborgenes künstlerisches Talent. Inzwischen führt Kevin alle befestigten Flächen im Garten aus und hält auch Kurse über Mauerbau.

Mit einem Netzwerk von alten und neuen Mauern war für Windschutz in dem fast quadratischen Garten vor dem Haus und auch in dem schmalen angrenzenden Seitengarten gesorgt. Der anstehende Boden ist erstaunlich gut, 1,50 Meter tief, bester Humus. Die Nachbarin am angrenzenden Hang drückte es so aus: »Ich habe schreckliche Erde im Garten, alles ist bei dir gelandet.«

Caroline ist nicht unerfahren, sie hatte sich bereits als junges Mädchen für Gärten interessiert. Theoretisch waren die Grundbedingungen für einen Garten gegeben, aber erst musste sie mit den anderen Kapriolen der Orkneys zurechtkommen, denn der Wind ist nicht die einzige Herausforderung. Trotz des nördlichen Breitengrads ist es dank dem Golfstrom, der warmes Wasser aus der Karibik bis zur norwegischen Küste befördert, erstaunlich mild. Die Temperaturen pendeln zwischen 5 Grad Celsius im Winter und 15 Grad im Sommer. Man könnte meinen, hier würde eine ganze Bandbreite an Pflanzen gedeihen, und das tut es auch, nur blüht alles gleichzeitig.

Es wird behauptet, es gäbe nur zwei Jahreszeiten auf den Orkneys und den Shetland-Inseln: Sommer und Winter. Man könnte es noch einfacher ausdrücken, nämlich »mit oder ohne Sonne«. Der Unterschied zwischen der Mitternachtssonne im Sommer und den finsteren Tagen im Winter ist extrem für Menschen und Pflanzen. Die in Büchern und Katalogen angegebenen Blütezeiten stimmen nicht für den Norden. Einen Frühling gibt es kaum, denn sobald die Tage länger werden, legen alle Pflanzen gleichzeitig los, als ob sie im Wettkampf stünden, denn Blattbildung, Blüte und Befruchtung müssen in einer kurzen Zeitspanne stattfinden.

»Reinstecken und abwarten, ob es wächst« ist inzwischen Carolines Arbeitsmotto. Sie hat viele Niederlagen erlebt, aber auch Erfolge, und schnell erfahren, dass es besser ist, Pflanzen aus der Umgebung zu beziehen, so etwa vom Spezialisten Alan

Bremner, der Hunderte Storchschnabel-Sorten *(Geranium)* auf den Orkneys gezüchtet hat, wie 'Dreamland' und 'Dragon Heart', eine von Carolines Lieblingspflanzen. Kleinblättrige, buschartige Heben, auch als Strauchveronika bekannt, haben sich bewährt, ebenso Pfennigkraut, Fingerhüte, Sterndolden sowie der exotisch wirkende Strauch *Olearia semidentata*, übersät mit lilafarbenen, gänseblümchenähnlichen Blüten. Während Stauden sich gut behaupten, wachsen Gehölze bis zur Oberkante der Mauer und werden dann gebremst. Wagt es ein Zweig höher hinaus, wird er vom Wind zerfetzt.

Nur eine einzelne Hanfpalme *(Trachycarpus fortunei)* macht den Versuch, dem Wind Widerstand zu leisten – man wird sehen, wer gewinnt. Da kaum etwas über Mannshöhe hinaus im Garten wächst, entsteht ein ungewöhnliches räumliches Gefüge; noch dazu heftet sich die Pflanzung in etwa drei Meter breiten Beeten an die umlaufenden Mauern des Hauptgartens. Was die Anlage von der Norm absetzt, ist das lange, schmale Wasserbecken mitten im Garten. In der Achse von der Haustüre zu den Torsäulen leitet die leicht erhobene Rinne nicht nur den Blick auf die Bucht Scapa Flow, sondern sie scheint auch die Grenzen des Gartens zu strecken. Anfangs war die Wasserfläche des 2,5 Meter breiten Beckens durchgehend. Der Wind erzeugte aber Mini-Tsunamis, schob das Wasser von unten nach oben und setzte am Ende des Beckens am Haus alles unter Wasser. Also hieß es dazuzulernen. Die Fläche wurde halbiert, ein Weg, der aber kaum in Erscheinung tritt, wurde wie eine Brücke verlegt, und die gestalterische Wirkung war dadurch nicht beeinträchtigt. Flankiert beidseitig von einem Pflanzenstreifen, bestückt unter anderem mit Iris, Katzenminze und grasähnlicher, weiß blühender *Libertia* sowie gerahmt von Rasen, verleiht das Wasserbecken dem Garten eine zeitgenössische Note.

Sich eine Hausfarbe auszuwählen und sie konsequent zu verwenden, gehört zu den Eckpunkten einer gelungenen Gestaltung. Himmelblau ist die Farbe des Quoy of Houton, es kommt vor an den Türen und Fensterumrahmungen der Ferienhäuser Puffin und The Old Granary, die in den ehemaligen Wirtschaftsbauten untergebracht sind, ebenso am Gartenmobiliar, im Beiwerk wie auch an den Obelisken und Torbögen. Die Farbe unterstreicht zudem die maritime Note. Auch hierzu hat sich Caroline etwas überlegt, denn im kleinen Vorgarten eines der Ferienhäuser hat sie bewiesen, wie man mit einfachen Mitteln, nämlich Kies, Frauenmantel, gelb blühenden Lilien, Fingerhüten, einem Hummerkorb und gelben wie weißen Fischernetz-Bojen einen Küstengarten gestalten kann.

Die Gestaltungsideen gehen nicht aus: Der Garten wird auch erweitert, eine neue Terrasse wurde als Auftakt zum Gemüsegarten gebaut, der als schmaler Streifen parallel zum Hauptgarten verläuft. Wie im restlichen Garten ist die Handschrift der Critchlows zu sehen, Kevins Kunst, mit Naturstein umzugehen, und Carolines Geschick mit Pflanzen. Es ist eine Bestätigung ihrer Leistung, dass Quoy of Houton inzwischen in die Liste von Scotland's Gardens aufgenommen wurde. Was einen Garten zu etwas Besonderem macht, ist nicht eine Fülle von seltenen Pflanzen, sondern wie man auf die gegebenen Bedingungen eingeht, Schwierigkeiten bekämpft und trotz allem einen Garten mit Gestalt und Persönlichkeit erzeugt. Solch ein Garten ist der Quoy von Houton, und man fragt sich, was sich wohl sonst nochauf Mainland Orkney verbirgt.

DOLCE VITA

Mit Pferdestärken durch den königlichen Garten von Caserta

Die Schlange der Wartenden war lang, der *servizio*-Bus des Parco Reale, des königlichen Gartens von Caserta, entsprach der kleinsten Ausgabe eines Pendelbusses, der ich je begegnet bin, und der Weg durch den Park bis hin zu unserem Ziel, dem Englischen Garten und unserem dort organisierten Mittagessen, schien endlos zu sein. Was tun?

Der königliche Palast von Caserta[1], etwa 40 Kilometer nordöstlich von Neapel, beeindruckt durch seine Größe. Es ist, als hätten die beiden berühmtesten Könige Europas mit dem Namen Ludwig, Ludwig XIV. von Frankreich und Ludwig II. von Bayern, zusammengetan und ihr Traumhaus errichtet. Mit fünf Stockwerken, einer Höhe von 41 Metern und einer Fassade mit stolzen 252 Metern Länge ist der Palast ein mächtiges Bauwerk, das sein Vorbild Versailles in vielfacher Hinsicht übertrumpft. Wie Ludwig XIV. wollte Karl von Bourbon (1716–1788), seit 1735 als Karl VII. König von Neapel und Sizilien, den Sitz der Regierung aus der Hauptstadt ins Umland verlegen. Sein Jagd-

---

[1] www.reggiadicaserta.beniculturali.it/index.php/guide-to-royal-palace-2.html
Adresse: Reggia de Caserta, Viale Douhet, 2/a, 81100 Caserta CE, Italia

revier bei Casarta war groß, die Grundstücke ringsherum günstig, und noch dazu war der Ort im Inland gelegen, entfernt vom Meer, mit einem angenehmeren Klima und reizvoller Topografie. Alles in allem ein idealer Standort, um hier seine Vorstellungen einer neuen Stadt samt Palast und Park zu verwirklichen.

Die Arbeiten begannen im Jahre 1751 und die Zahlen sprechen für sich: mehr als 2600 Arbeiter waren an diesem gigantischen Bauprojekt beschäftigt, darunter auch viele Zwangsarbeiter, türkische Mohammedaner und christliche Verbrecher, unter der Aufsicht von 438 Wächtern[2]. Als der Architekt des Schlosses, Luigi Vanvitelli, 1773 starb, lag die Vollendung des Palastes in ferner Zukunft. Sein Sohn Carlo übernahm das Projekt und kümmerte sich auch um die Gestaltung der Außenanlagen. Noch bis 1847 wurde an der Anlage gebaut, immer wieder durch Thronwechsel und Kriege unterbrochen. Die Baumaßnahmen wurden mit der Fertigstellung des Thronsaals vollendet. Vierzehn Jahre später, 1861, wurde Italien vereinigt und das Königreich von Neapel und somit auch Caserta verlor an Bedeutung. Der Palast wurde von der neuen regierenden Familie, dem Haus Savoyen, kaum besucht und schließlich 1921 dem italienischen Staat überschrieben.

Wo früher die Hofdamen und Höflinge flanierten, befinden sich heute Touristen. Die Gesamtanlage ist aber so weitläufig, dass die Menschenmassen kaum auffallen. Nur an der Kasse und bei den Toiletten nimmt man deutlich wahr, wie viele Reisebusse, darunter auch viele Busse mit Schulkindern, ihren Weg

---

[2] A. Zucchi, *Illustrierter Führer des Königspalates und des Parks von Caserta*, o.O., o.J.

hierher finden. Unser Interesse galt ausschließlich dem Garten, und dieser ist, genau wie der Palast, völlig überdimensioniert. In der extra-großen Ausführung einer Barockanlage messen sich die Entfernungen nicht in Metern, sondern in Kilometern. Ferngläser wären vom Nutzen gewesen, aber die hatten wir an Bord gelassen. Wer außer Ornithologen denkt schon daran, ein solches mit auf einen Gartenbesuch zu nehmen? Verantwortlich für den grandiosen Barockgarten war das Doppelgespann von Vater und Sohn Vanvitelli, Vater Luigi für die der Anlage zugrunde liegende Idee, Sohn Carlo für die Ausarbeitung und zahlreiche Ergänzungen. Bildhauer und Berater wurden hinzugezogen, und es wird schnell deutlich, dass sich jeder von ihnen dem gegebenen Maßstab angepasst und mit großer Freude im großen Stil gearbeitet hat.

Barockgärten sind eine bildhafte Verkörperung von Macht über Menschen und die Natur. Sie sollten den Eindruck erwecken, dass sich der Besitz bis zum Horizont erstreckt, wobei jedes denkbare Gestaltungsmittel eingesetzt wurde, um dieses Bemühen zu unterstreichen. Caserta ist zweifelsohne eines der prächtigsten und gelungensten Beispiele dieses Genres. Dass man das Ende der langen Achse kaum sehen und deshalb auch nicht abschätzen kann, wie weit es tatsächlich entfernt ist, liegt an dem geschickten Einsatz von Perspektive und Topografie. Die Hauptachse ist beeindruckend und nicht zu übersehen. Breite, straßenähnliche Wege beidseits dieser Achse, die aus der Ferne wie ein Kanal erscheint, ziehen sich den Hang hinauf; man fühlt sich an eine Skischanze erinnert, die unten etwas flacher, dafür aber weiter oben sehr steil angelegt ist. Die Mittelpartie wirkt wie verschluckt. Nur die vereinzelten kleinen schwarzen Figuren, die

die Anhöhe wie Ameisen erklimmen, geben einen Hinweis auf die Entfernung. Für uns selbst allerdings kam der Versuch, das Ende der Achse zu Fuß zu erkunden, nicht in Frage. Schließlich war die Gruppe auf Urlaub und nicht in einem Trainingslager.

Es stellte sich heraus, dass der putzige Parkbus tatsächlich der einzige war, der im unermüdlichen Einsatz und im halbstündlichen Takt den ganzen Tag zwischen dem Palast und dem Diana-und-Aktäon-Brunnen weit oben im Park hin- und herpendelte. Trotz der großen Anzahl von Menschen, denen es gelang, sich bei jeder Fahrt in den Bus zu quetschen, war die Schlange immer noch beachtlich, sodass es lange dauern würde, bis wir endlich an der Reihe wären.

Doch die Lösung war ganz nah: Kutschen. Eine ganze Kolonne an *carrozzelle ippotrainate* wartete startbereit seitlich vom Parterre. Die Vorstellung, den Park auf solch authentische Art und Weise zu besichtigen, war verführerisch. Es war nur eine Frage des Preises, denn ganz so gefüllt waren unsere Taschen nicht. Notgeld habe ich immer auf Reisen dabei, aber ob es reichen würde? Oder würde es wie in Salzburg oder gar Venedig sein, wo sich der Fahrpreis anscheinend nach der Nationalität der Kunden richtete? Wer die Landessprache spricht oder sich in ihr versucht, ist immer besser dran. Auf dieser Reise hatte ich in Kenntnis dessen, dass ich sowohl sprachlich wie auch vom Spezialwissen über italienische Kunst und Geschichte schnell an meine Grenzen gelangen würde, die Kunsthistorikerin Dr. Arnika Schmidt als kompetente Begleiterin dabei. Sie verfügt über ein enormes Wissen, spricht fließend Italienisch und besitzt darüber hinaus ein zauberhaftes Lächeln, sodass sie die ideale Person war, um mit den Herren Fiaker zu verhandeln.

Als erstes mussten wir den Chef finden, denn ähnlich wie bei Taxen gibt es auch bei Kutschen eine Hierarchie ihrer Fahrer. Unsere Rahmenbedingungen waren klar: fünf Kutschen für insgesamt einundzwanzig Personen, der Direktweg zum Diana-und-Äktäon-Brunnen, keine Rundfahrt, keine Führung und ein Pauschalpreis für uns alle, selbstverständlich mit Großabnehmerrabatt und Barzahlung. Ein Herr mit einer besonders feschen Ferrari-Mütze lümmelte nonchalant im Fahrersitz der ersten Kutsche und wirkte sympathischer als die anderen.

Sympatico sein ist äußerst wichtig in Italien. Es macht den Unterschied zwischen dem, was möglich ist, und dem, was nicht möglich ist. Absolut unlogisch und für Nichtitaliener frustrierend, dreht sich alles um Zuneigung: ein Platz in einem Restaurant, eine gute Note bei der Prüfung, ein Strafzettel in der Trambahn oder, wie hier, ob wir unser selbstgesetztes Ziel erreichen würden. Mit meinem besten Restaurant-Italienisch fragte ich, mit wem man am besten spricht, wenn man alle Kutschen für eine kurze Sonderfahrt mieten wollte. Ich könne es meinen älteren Damen nicht zumuten, die ganze Strecke zu laufen und der Bus ..., da reichte es, wortlos die Schultern hochzuheben.

Wir hatten Glück, unser Mann war der Leutnant des Chefs, der sofort erschien. Arnika übernahm das Gespräch und schilderte unser Dilemma. Nachdem alle Fahrer sich beraten hatten, nannten sie ihren Preis. Entgegen unserer Erwartung war er absolut angemessen, aber ehrenhalber mussten auch wir uns beraten und noch ein bisschen verhandeln. Das gehört zum Spiel dazu. Mit einem leisen Danke an Franco und Piero von Ristorante Bologna in München, die mir mehr über den Umgang mit Italienern beigebracht haben als jede Sprachschule, wurde der Preis geringfügig gedrückt und das Kuvert überreicht. Unser Transfer war gesichert!

Die Gartengruppe hatte bis zu diesem Zeitpunkt keine Ahnung von unserem Vorhaben, aber jetzt, nachdem sie das Parterre, die Fassade und die Dimensionen bewundert hatte, wurde sie neugierig, wieso Arnika und ich uns so intensiv mit etwas dubios ausschauenden Männern unterhielten. An den schönen Pferden allein konnte es nicht liegen. Erleichtert, den Weg nicht zu Fuß gehen zu müssen, stiegen alle in die zugewiesenen Kutschen ein. Bedingung des Einsatzes war nämlich, dass der Chef, nicht ich, zuständig für die Einteilung der Gäste sei; so fuhr Arnika mit ihm und ich mit der letzten Gruppe, mit Signore Ferrari. Während die anderen Kutschen losfuhren, machte unser Fahrer uns auf die Farben seiner Karosserie aufmerksam, Schwarz mit Rot, und deutete auf sein Käppi. Bilder eines Formel-Eins-Rennens, nur mit Pferden, flatterten vor meinen Augen. Signore Ferrari fuhr flott, aber nicht rasant, hatte aber die Angewohnheit, während der Fahrt die Zügel locker zu lassen und sich jedes Mal zu uns umzudrehen, wenn er uns auf etwas aufmerksam machen wollte. Dies passierte öfter. Ich war verwundert, dass wir erst nach links abbogen und nicht gleich geradeaus die Achse hinauffuhren, doch schien die Führung Teil vom Service zu sein. So drehten wir eine Runde durch das angrenzende Wäldchen. Hier herrschte eine andere Stimmung als in dem offenen Parterre. Es war etwas gemütlicher, gar menschlicher. Eine Allee, die wie ein grüner Tunnel wirkte, säumte den Weg und schien den dichten Baumbestand zurückzuhalten.

Schnell wurde uns klar, dass wir – ungeplant – das große Los gezogen hatten, denn der Park von Caserta wurde konzipiert, um vom Pferd oder aus einer Kutsche heraus erlebt zu werden. Wären wir nur auf der Hauptachse geblieben, hätten wir nie einen wirklichen Eindruck von diesem vielfältigen Gartenreich bekommen. Nichts war, wie es auf den ersten Blick gewirkt hatte. Sowohl Wald, Parterre, Hauptachse als auch der Park sind Bestandteile der 120 Hektar großen Anlage. Der Grundriss des Ganzen ist aber so eigenartig, dass diese Einzelteile selten als Einheit auf den Besucher wirken. Parterre und Wald sind als rechteckiger Block zum Palast hin angelegt, die Hauptachse stellt die Verbindung zum oberen Wald und zum seitlichen Park her. Als Signore Ferrari »Castelluccia« rief und nach links deutete, sahen wir ein achteckiges kleines Schlösschen zwischen den Bäumen. Weitere Informationen folgten in einem Schwall lyrisch klingendem Italienisch, immer wieder unterbrochen von Gesten. Die Kutsche bog ab, und mit einem lauten »Peschiera Grande«, wurde der etwa 250 Meter lange, große Fischteich angekündigt. Hier fanden früher Inszenierungen von Seeschlachten statt.

»Foto?« Wie beim Zirkus dreht sich Signore Ferrari um, nahm die Kamera meiner Mitfahrerin in die Hand und knipste. Somit waren unsere Minen sowie der Fahrtwind in unseren flatternden Haaren verewigt. Lächelnd kam von einer der Damen der Kommentar: »Es ist wie in Texas.« Und in der Tat, mit dem Staub der anderen Kutschen in der Ferne, hatte das Erlebnis etwas vom Wilden Westen an sich.

Das Tempo wurde beschleunigt, und Pferd und Kutsche nahmen Schwung für die ansteigende Hauptachse. Der Margherita-Brunnen signalisiert den Auftakt der 3,2 Kilometer langen Wasserstraße, der monumentalen, ansteigenden, breiten Achse, geschmückt von einem Wasserbecken hinter dem anderen, manche flankiert von Wassertreppen und alle bekrönt mit Marmorgebilden, die in ihren Dimensionen die Darbietung in Versailles übertreffen. Wassermangel ist dank Luigi Vanvitellis Meisterwerk, dem Karolinischen Aquädukt, kein Problem. Die Wasserleitung, erbaut zwischen 1753 und 1769, erstreckt sich über eine Länge von 38 Kilometer von der Quelle des Fizzo zum Kopf des Wasserfalls auf dem Briano-Hügel am Ende der Achse.

Das Ausmaß der Wasserachse ist beeindruckend. Sie wirkt mehr wie ein Kanal als eine Reihenfolge von Becken, eine bezaubernde Mischung aus stillen, spiegelnden Wasserflächen und spritzigen, weißen Wasserfontänen. Hinter dem Delphin-Becken mit thematisch passenden theatralischen Marmorfiguren und Wasserspeiern, gestaltet 1779 vom Bildhauer Solomone, umkreisen Rampen den ovalen Äolus-Brunnen. Oben angekommen, blieben wir kurz stehen. Ob es eine Verschnaufpause für das Pferd war oder eine Möglichkeit für uns, Fotos im Stillstand zu machen, war nicht klar, jedenfalls hatten wir eine prächtige Aussicht über das noch leicht diesige Terrain und den aus der Entfernung immer noch kolossal wirkenden Palast. Als nächstes folgte das Ceres-Becken mit entsprechend gestaltetem Brunnen, geschmückt mit Nereiden und Nymphen und begleitet von einer Wassertreppe. Venus und Adonis sind die Hauptfiguren des vierten Brunnens, einem weiteren beeindruckenden Gebilde. Der krönende Abschluss aber ist der ovale Diana-und-Aktäon-Brunnen mit einem 78 Meter hohen Wasserfall im Hintergrund, eher schon eine lange Wasserkaskade.

Als letzte angekommen, verabschiedete sich unsere Gruppe von Signore Ferrari. Leicht wankend und staunend, wie man wohl früher die Federung einer Kutsche über lange Strecken ausgehalten hat, mussten wir, wie nach einer Seefahrt, erst unsere Landbeine wiederfinden. Ein Gruppenfoto musste sein und bot Gelegenheit, die Achse von oben zu bewundern. Die Entfernung zwischen Schloss und Brunnen schien geschrumpft zu sein, das untere Wasserbecken war wie vom Erdboden verschwunden und das Bauwerk wirkte wie ein massiver Klotz. Die Gruppe hatte sich um den Brunnen verteilt und bewunderte die Lebendigkeit der Szene. Die Details sind bestechend. Es schien, als würde Aktäon, der Jäger, umringt von seinen Hunden, vor unseren Augen zum Hirsch verwandelt. Die dramatische Kulisse, das Geräusch des fallenden Wassers und das intensive Grün des Waldes unterstrichen die Schönheit und Gelassenheit von Diana und ihren Nymphen, die auf einer felsigen Insel inmitten der Brunnenanlage ruhen.

Der obere und letzte Teil des Parks in Form eines englischen Gartens liegt parallel zum oberen Abschnitt der Wasserachse und wurde 1786 von Maria Caroline von Habsburg auf Anregung des britischen Botschafters, Lord Hamilton, angelegt. Die Wege, Grotten und Tempel wie auch die Verteilung der Gehölze sind zwar im englischen Landschaftsstil gehalten, aber die Wahl der Pflanzen, unter anderem die zahlreichen Araukarien, bewirkt eher den Eindruck eines exotischen botanischen Gartens. Diese Andentannen, heimisch in Südamerika, waren eine Modepflanze der zweiten Hälfte des 19. Jahrhunderts. Pflanzen waren damals, wie Autos heute, echte Statussymbole, und mit den zahlreichen im Garten vertretenen Arten lag Caserta voll im Trend.

Mehr als nur einen Eindruck von dem 25 Hektar großen Areal zu gewinnen war in unserem Zeitrahmen nicht möglich, denn Mittagessen mussten auch sein, und dieses Essen hatte ich im Ristorante »Diana e Atteone« vorbestellt, passenderweise im ehemaligen Gärtnerhäuschen. Nach einem Antipasto mit Salami, Büffelmozzarella und Olivenpesto, frischer Pasta mit jungen Zucchini und Pistazien sowie einer Amaretto-Mousse als Nachspeise waren wir wieder erfrischt und bereit für neue Abenteuer.

In der Regel steigen Fahrgäste eines Pendelbusses am Ziel aus. Ich hatte mich zwar gewundert, wie ruhig der obere Teil des Parks war, aber angenommen, es läge daran, dass die Besucher sich verteilt oder bereits den Rückweg angetreten hätten. Als aber der kleine Bus (pünktlich) ankam, die Türen sich öffneten und niemand ausstieg, obwohl er gerammelt voll war, wurde mir einiges klar. Offensichtlich betrachteten die Besucher diese Fahrmöglichkeit als Rundfahrt. Mit einem Euro als Fahrpreis eine preisgünstige, wenn auch unbequeme Art, den Park zu besichtigen. Bevor ich mir eine Strategie überlegen konnte, nahm eine Gruppe junger Leute, die ebenfalls wartete, die Sache in die Hand. Sie umzingelten den Bus und wiederholten im Gesangston: »Scendere! Scendere!« Als dies nichts half, wechselten sie die Sprache: »Out! Out!« Zur Untermalung der Botschaft schubsten sie den Bus an. Sauerstoffmangel hatte scheinbar den Businsassen den Verstand genommen, aber die Kombination von Lärm und Rütteln schien manche doch aufzuwecken und sie strömten wie Zombies heraus. Nicht ganz wissend, wie es weitergehen würde, rückten wir näher zum Bus. Zu unserer Überraschung machten die jungen Leute den Weg frei und ließen uns vorgehen. Wer sagt, dass die Jugend nicht fürsorglich ist?

Eigentlich gehört dieser Bus samt Insassen ins Guinness-Buch der Rekorde. Trotz der Massen, die ausgestiegen waren, saßen immer noch einige wenige wie versteinert darin. »Avanti, avanti« tönte es aus der vordersten Ecke, wo der Busfahrer hinter dem Steuerrad eingeklemmt war und sich erst jetzt äußerte. Alle fanden einen Platz, wenn auch auf etwas unkonventionelle Art. Ehepaare, Kinder wie auch Freunde saßen einander auf dem Schoß und bildeten kleine Menschentürme. Sogar einige der jungen Leute, die sich sehr, sehr schlank machten, fanden einen Fleck, an dem sie stehen konnten. Taschen wurden verstaut, alle rückten zusammen und hielten den Atem an; die Tür ging zu, und man konnte wieder ausatmen. Lächelnd und uns zuwinkend wanderte der Rest der Jugendlichen zu Fuß zum Palast. Da ich zahlen wollte, hielt ich mich in der Nähe des Fahrers auf. Die Fahrkarte noch in der Hand, bat mich der Fahrer, neben ihm auf der erhöhten Haube Platz zu nehmen. Ungewöhnlich, absolut nicht damenhaft, aber ein Logenplatz. Und los ging's! Unten angekommen, purzelten wir alle aus dem Bus heraus: glücklich, befreit zu sein, und froh, dass die Fahrt nur von kurzer Dauer war und wir überhaupt hatten mitfahren dürfen. Von uns kann niemand behaupten, die königlichen Gärten von Caserta und somit Süditalien nicht hautnah erlebt zu haben.

Die Bäume singen! La Mortella ganz privat

Warum wir so lange warten mussten, war ein Rätsel. Wir hatten Anker gelegt und konnten den Hafen von Ischia sowie auch die Beamten am Kai sehen. Die Wellen schwappten, aber nicht so heftig, dass man nicht hätte tendern können. Warum dann die Warterei? Als der Anker wieder gelichtet wurde und das Schiff zur nächsten kleinen Bucht fuhr, wurde es mysteriös. Ob man hier besser an Land kommen würde? Kantige Steine, gar Felsen säumten das Ufer, schmale Stufen führten hoch zu einem kleinen Kai, von wo aus die uns inzwischen bekannten Beamten, die Arme verschränkt, zu uns herüberschauten. Der leichte Wellengang war unverändert. Naja, der Hafenpilot und Kapitän würden schon wissen, was sie machten. Als der Ausstieg vorbereitet wurde und das markante orangefarbene Tenderboot der MS »Deutschland« erschien, gab es Hoffnung. Aber man schüttelte die Köpfe, es wurde auf die Beamten gedeutet und das Warten dauerte an. Da die Gartengruppe startbereit war, hatten wir Logenplätze, um das Geschehen genau zu beobachten. Aber jetzt wurde es doch langsam etwas langweilig. Zeit für die anderen, einen Kaffee zu trinken und für mich, noch einmal zu telefonieren und mich erneut für unsere Verspätung zu entschuldigen.

Für Gartenliebhaber gibt es nur einen Grund, Ischia zu besuchen: den Garten La Mortella[1] des Komponisten Sir William Walton und seiner Frau Susana. Leider war die Anlage just an dem Wochentag, den wir auf Ischia verbringen würden, geschlossen. Aber geschlossen bedeutet nicht automatisch, dass man keinen Zutritt erhält. Alles hat seinen Preis. Ich hatte ein Jahr zuvor angefragt, ob ein Privatbesuch an besagtem Termin möglich wäre und eine positive Antwort erhalten. Als ich den Preis sah, musste ich jedoch erst einmal schlucken, bevor ich die Mail noch einmal ganz genau las:

»Wir finden, den Garten allein zu besuchen, in ihrem eigenen Tempo, und die Stimmung ohne den Lärm und die Anwesenheit von anderen Besuchern zu genießen, ist ein besonderes Privileg.«

Volltreffer! Diese Ansicht teile ich voll und ganz. Wenn es um einen Gartenbesuch geht, bin ich sehr egoistisch. Am liebsten möchte ich ganz alleine im Garten sein, komplett in ihn eintauchen und dieses Gesamtkunstwerk in all seinen Facetten mit allen Sinnen aufsaugen. Ohne Zeitdruck und ohne Vorgaben herumzuwandern, sich nur durch den Garten leiten zu lassen, ist ein Genuss. Keine Nebengeräusche, keine Ablenkungen und bloß keine Menschenmassen. Und genau das wünsche ich mir für meine Gartengruppen. Daher die kleinen Gruppen und die Abneigung zum geführten Besuch, bei dem alle wie Entlein hintereinander her watscheln, mit Informationen vollgepumpt werden, aber das Wesentliche, den Garten, nicht wahrnehmen.

---

[1] www.lamortella.org/en
Adresse: La Mortella, Via F. Calise, 45, 80075 Forio, Isola d'Ischia (Na), Italia

Wenn der Besitzer oder Schöpfer einer Anlage uns begleitet, ist es eine andere Sache. Dann verwandelt sich der Besuch oft in einen Workshop, bei dem Ideen und Tipps ausgetauscht werden. Aber auch dann sollte jeder die Möglichkeit haben, den Garten auf seine Art zu entdecken, auch wenn dies nur darin besteht, auf einer Sitzbank Platz zu nehmen und den Garten in Ruhe auf sich wirken zu lassen. Ein Garten ist nicht nur etwas für die Augen, die besten Gärten berühren unsere Seele und wecken Emotionen.

Ob wir je in den Genuss des Privilegs kommen würden, Sir William und Lady Susana Waltons Meisterwerk La Mortella zu besuchen, stand nun aber in den Sternen. Ein Spiel ohne Regeln schien hier im Gange zu sein. Es dauerte noch eine ganze Weile und wir hatten die Hoffnung schon fast aufgegeben, als endlich das Okay für unseren Landbesuch kam. Die Direktorin des Gartens, Alessandra, versicherte mir, dass das Alleinsein im Garten noch klappen würde. Außer dem Highlight des Gartenbesuchs und einer kleinen Inselrundfahrt hatte ich nichts weiter für den Tag geplant. Sollte irgendjemand die Bäder oder die Villa Ibsen besuchen wollen, stand der Nachmittag (theoretisch) zur freien Verfügung.

An Land angekommen herrschte eine Atmosphäre, als ob nichts geschehen wäre: die pure Freundlichkeit. Wir wurden begrüßt, sogar von den Beamten, zu den Bussen geführt, die Gartengruppe vorweg. Wer prächtige Luxusbusse mit höchstem Komfort erwartet, wird bei meinen Gartenausflügen enttäuscht sein. Klein, wendig, sauber, ausgestattet mit guten Reifen, funktionierenden Bremsen und gesteuert vom einem Busfahrer, der sich auskennt und nicht vor schmalen, kurvenreichen Straßen zurückschreckt, das sind meine Voraussetzungen. Uns wurde, nicht zum ersten Mal, ein Schulbus zugeteilt. Nico, der Fahrer, hatte die Hoffnung fast aufgegeben, dass wir noch erscheinen würden, und wunderte sich, dass wir La Mortella besuchen wollten, es sei doch ein Mittwoch.

Wäre nicht das Hinweisschild gewesen, hätte man es nicht für möglich gehalten, einen derart beispielhaften Garten in dem ansonsten nicht besonders bemerkenswerten Villenviertel auf der westlichen Seite der Insel vorzufinden. Die Tore waren in der Tat geschlossen, aber wie gerufen erschien eine junge, aparte Frau, die uns willkommen hieß und uns in den Garten bat. So hatte ich mir Dr. Alessandra Vinciguerra nicht vorgestellt, aber das sollte nicht die letzte Überraschung des Tages sein.

Wir befanden uns in einem kleinen Seitental, dessen Hänge in sanftem Schwung aufwärts führen. Dichte Vegetation baut sich auf beiden Seiten des Weges auf, Bäume strecken sich zum Licht, Sträucher plustern sich auf, dicht an dicht, sodass man das Gefühl hat, im Grün geborgen und von ihm umhüllt zu sein. Dass dies alles von Menschenhand geschaffen worden war, erschien uns kaum vorstellbar. Alessandra erzählte von den Anfängen und dass das Gelände 1956, als es die Waltons erwarben, nur aus Steinen bestand. Die Myrten, die dem Garten seinen Namen geben, waren der einzige Bewuchs. Ansonsten war dieses Stück Land wie der Rest der vulkanischen Insel karg und kahl.

Freunde hielten das Paar für verrückt, aber die Waltons erkannten die Möglichkeiten des Ortes. Lang, schmal, eingeengt durch die Felswände, schattig in der vorderen Partie und exponiert im oberen Teil, war das Grundstück eine Herausforderung. Aber in der langgestreckten Mulde herrschte ein besonderes

Mikroklima, sie war windgeschützt und unter den Lavaplatten befand sich schwarze, fruchtbare Erde. Die Aussicht von der Anhöhe am Ende des Gartens auf die Bucht war damals und ist heute prächtig und noch dazu nach Südwesten orientiert, perfekt für die Abendsonne. Hier bot sich eine Chance, mit Kontrasten zu spielen: mit dem Wilden und dem Gezähmten, mit Licht und mit Schatten, aber auch mit der Weite und dem Geborgenen. Wichtiger noch, es war ein Ort, an dem William sich entspannen und komponieren und Susana einen Garten ganz nach ihrem Geschmack anlegen konnte. Und so wurde noch vor dem Bau des Hauses die Anlage des Gartens in Angriff genommen.

Die Verwandlung des Areals zu einem grünen Paradies ist erstaunlich und Zeugnis der Energie einer bemerkenswerten Frau. Susana (1926–2010) stammte aus Argentinien, sie war wesentlich jünger als ihr Mann und sah sich als »der Anker, sodass William sich entspannen konnte«. Als leidenschaftliche Gärtnerin zog sie einen Palisanderbaum *(Jacaranda mimosifolia)* schon lange vor dem Erwerb von La Mortella aus von ihrer Heimat mitgebrachten Samen, in der Hoffnung, dass sie irgendwann einen passenden Garten für die Pflanzen finden würde. Sie erfüllte La Mortella mit Lebenslust und südamerikanischem Flair. Selbst gleichsam ein exotischer bunter Vogel, scheute sie sich nicht vor kräftigen und dramatischen Formen. Palm- und Baumfarne, *Washingtonia*-Palmen und Agaven, alles Pflanzen, deren wechselnde Wirkung in Licht und Schatten dem Garten eine weitere Dimension gibt, zählten zu ihren Favoriten.

Sir William Walton (1902–1983) gilt als einer der wichtigsten Komponisten des 20. Jahrhunderts, dessen Schaffen Werke wie die Musik zur Krönung von Königin Elisabeth II. über Symphonien bis hin zu Filmmusik umfasst. Seine Kompositionen begleiteten meine Kindheit, denn für zahlreiche wichtige Ereignisse schuf er ausdrucksstarke Stücke; Musik, durchwoben mit Crescenden, gefolgt von ruhigen Partien, Kontraste, wie sie auch in der Natur zu finden sind. Ischia war der Ort, an den der gebürtige Engländer sich zurückzog, La Mortella diente ihm als Inspiration. Die Leistung von Susana Walton liegt in der Gestaltung dieses Gartens, der seinerseits die Musik ihres Mannes widerspiegelt.

Ein spannungsvoller Kontrast, das Abstoßende und das Einladende vereinten sich auch in dem Baum, mit dem Alessandra uns gleich zum Auftakt unseres Besuches bekanntmacht, einer *Ceiba speciosa* (Syn.: *Chorisia speciosa)*. Wenn ein Baum von Gegensätzen geprägt ist, dann dieser. Ursprünglich aus Südamerika stammend, ist der Florettseidenbaum, oder, wie er spanisch passend heißt, der »betrunkene Stock«, ein Sonderling. Der flaschenförmige stumpf-grüne Stamm ist überzogen mit kleinen, scharfen kegelförmigen Dornen, die aussehen, als ob jemand mit dem Schlaghammer tätig gewesen war und dem Stamm eine besondere Verzierung verleihen wollte. Niemand würde auf die Idee kommen, den Stamm zu besteigen und die seiden- oder vielmehr baumwollähnliche Frucht zu ernten. Fast wie eine Entschädigung für die aggressive Wirkung der Borke sind die Blüten zart und zierlich, hibiskusartig, innen cremefarben und außen pink. Ich hatte den Baum zum ersten Mal in Marrakesch gesehen und war sofort hingerissen gewesen von diesem Naturwunder, denn er blüht wie die Magnolie bevor sich das Laub entfaltet. Hier im Garten fühlt sich der Baum, aus Samen gezogen, wie zu Hause, und ist, in Worten von Susana, »wie ein Spargel in die

Höhe geschossen«. Überhaupt, alle Pflanzen scheinen hier immense Dimensionen zu haben, denn sie sind grüner, blühfreudiger und größer als anderswo.

Alessandra schaffte es, nicht nur Susanas Intention zu vermitteln, sondern auch deren Ideen lebendig werden zu lassen. Denn statt uns auf jedes Blatt aufmerksam zu machen, zeigte sie uns das Wesentliche, die Felsen, die Bäume und die Achsen. Wie Susana, die 2010 im Alter von 83 Jahren starb, im Film[2] über den Garten erklärte, wusste sie zwar, was sie wollte, aber sie »konnte die Pflanzen nicht zu einem bildhaften Gemälde organisieren«. So bat Susana Russel Page um Hilfe. Wer an Gärten und Gestaltung interessiert ist, sollte Russel Pages *The Education of a Gardener*[3] lesen.

Der Einfluss des autodidaktischen Gartengestalters war weitreichend. Er war zwar nur wenige Tage im Jahre 1956 auf der Insel, gab Susana aber zwei entscheidende Maximen mit: »Verdecke nicht alle Steine, denn der Ort, die Grundbedingungen sollten stets ersichtlich sein«. Und zum anderen, dass eine Achse auch eine Führungslinie ist. Hier im Garten sollte sie nicht gerade verlaufen, sondern als L-Form angelegt und mit Brunnen akzentuiert sein. Diese finden sich an drei Punkten, am Anfang, am Knickpunkt und am Ende. Sie wurden über die Jahre nach und nach ausgeführt, wobei man den mittleren Brunnen erst zu Williams achtzigstem Geburtstag errichtete. Leider haben weder er noch Russel Page, der den Garten über die Jahre begleitete, dies erlebt; beide sind 1983 gestorben.

---

[2] La Mortella, Fondazione William Walton Giardini La Mortella, 2010
[3] Russel Page, *The Education of a Gardener,* 1962

Heute genießen die Besucher den Anblick des Brunnens mit der schmalen Rinne in der Mitte des Wegs, der die Vegetation durchschneidet. Hier nahm die Führung ein Ende, mit der Einladung, den Rest des Gartens nun auf eigene Faust zu erkunden. Wie ein Dirigent deutete Alessandra in die verschiedenen Richtungen, zum weiter oben gelegenen Viktoria-Gewächshaus, zum Thai-Pavillon mit Wasserbecken im oberen Teil des Gartens, gewissermaßen der Fortsetzung des Tals, und natürlich zu Williams Stein auf dem gegenüberliegenden Hang. Wer eine Erfrischung wollte, war herzlich eingeladen, die kleine Bar mit Blick über den Garten aufzusuchen.

Zeit für die eigene Erkundung zu haben war ein Genuss. Die Sonne, die sich versteckt hatte, brach durch die Wolken und beleuchtete den Garten. Der Schatten wurde tiefer, die Grüntöne intensiver, sogar der Bewuchs schien mächtiger zu sein. In Anbetracht der verhältnismäßig schmalen Wege, der zahlreichen Stufen und Treppenfluchten war es herrlich, allein im Garten zu sein. Wir konnten uns frei bewegen, mussten nicht warten, bis die Treppe frei war oder zur Seite weichen. Jeder ging seinen eigenen Weg, konnte sich durch den Garten ziehen lassen.

So gerne William Walton Wasser mochte, beim Komponieren verlangte er absolute Stille. Während er arbeitete, wurden die Brunnen ausgeschaltet. Für uns aber waren die unterschiedlichen Geräusche des Wassers, das Plätschern und das Spritzen, sowie die Wirkung des Lichts wesentliche Bestandteile der Anlage. Auf einer Insel, die erst in den 1950er-Jahren an die öffentliche Wasserleitung des Festlands angeschlossen wurde, war und ist Wasser ein Luxus. Der Garten konnte erst 1962, als die Waltons sich mit ihren Nachbarn zusammentaten und eine

Zufahrtsstraße samt darunterliegenden Rohren bauten, an die öffentliche Wasserversorgung vom Festland angeschlossen werden. Bis dahin war das Regenwasser in Zisternen oberhalb des Gartens gesammelt und in Rohren durch den Garten geleitet worden. Susana suchte Pflanzen aus, die nicht so »durstig« sind und folgte einem weiteren Ratschlag Pages, junge, kleine Bäume zu pflanzen, die sich den Bedingungen anpassen konnten.

Wasser und Formen vereinen sich im Viktoria-Gewächshaus. Auch die Amazonas-Riesenseerose *(Victoria amazonica),* eine von Susanas Lieblingspflanzen, ist voller Gegensätze. Zart wirkend, aber sehr kräftig können die starken, runden Blätter mit ihren hochstehenden Rändern, die sie wie große runde Blechkuchenformen aussehen lassen, einen Durchmesser von bis zu zwei Metern erreichen und sogar Kleinkinder tragen. Die Blätter schweben wie kleine Inseln auf dem Wasser und sind Meisterwerke der Natur. Hat man das Glück, auch eine Blüte zu erspähen und zu beobachten, wie sich die rein weiße, weibliche Form über Nacht zu einer purpurfarbenen männlichen Blüte verwandelt, ist man fasziniert und bleibt sprachlos.

Im Gewächshaus begegnete ich auch erstmals bewusst dem markanten Spanischen Moos *(Tillandsia usneoides),* das wie ein grauer Schleier herabhängt und mir auf meinen Reisen immer wieder begegnete. Bromelien, Orchideen und Farne füllen das Glashaus, der Duft ist intensiv und fast erstickend durch die warme, feuchte Luft. Der anfänglich graue Himmel hatte sich zwischenzeitlich gelichtet, Schnipsel von Blau waren zu sehen, und die Sonnenstrahlen verliehen dem Garten eine andere Dimension. Die riesigen Schwerter und markanten Blüten der *Strelitzia nicolai* wirkten prächtig gegen den Himmel. Nur wenn man genau hinsieht, fällt auf, dass sich hinter der grünen Wand das Wohnhaus verbirgt. Gebaut 1962 nach Plänen von Susana und ihrer Mutter, nachdem mehrere Architekten vergebens versucht hatten, die Vision des Maestros umzusetzen, nutzt das Haus die einmalige Lage aus. Nach Süden ausgerichtet und auf halber Hanghöhe erbaut, streckt sich das Bauwerk in die Länge und erinnert mit seinen dunklen Fensteröffnungen an Höhlenbauten. Von den Balkonen, die aus der Entfernung nur als feine Striche erkennbar sind, richtet sich der Blick nicht nur in die Ferne auf die Küste, sondern auch auf den Garten.

Eine Idee, wie die Aussicht vom Haus auf den Garten sein könnte, bekommt man von den oberen Treppen aus. Susanas Leidenschaft für Palmen und Palmfarne (Cycadeen) ist nicht zu übersehen; sie füllen die Beete und ihre Wedel sind in reizvollen Mustern übereinander gestaffelt. Die Anzahl der unterschiedlichen Arten dieser Urpflanzen ist beeindruckend; bestechend ist ihre Wirkung als Gartenskulptur in der Draufsicht, während sie aus der Talsicht als ganz selbstverständlicher Teil der Pflanzung wahrgenommen werden. Ihre riesigen Fächer spenden Schatten für die zahlreichen Bodendecker, Arten, die in unserem nördlichen Breitengrad nie gedeihen würden, hier jedoch verführerisch und opulent wirken.

Mich zog es zu den Stufen hin, die von Terrasse zu Terrasse den Hang hinaufführten. Naturstein-Stützmauern sind hier überall, manche so geschickt ausgeführt, dass sie wie Steinformationen wirken. Mein Ziel war Williams Rock, eine aus Naturstein erbaute Pyramide mit Blick über die Bucht, der letzte Ruheplatz von William Walton. Während Grün im unteren Garten die vorherrschende Farbe ist, prägt Grau die Anhöhe.

Es ist schwer zu erkennen, ob die zahlreichen Steine von Menschenhand geschichtet wurden oder von Natur aus so liegen. Steingartengewächse breiten sich in den Ritzen aus, die naturhafte Wirkung ist absolut im Einklang mit der Umgebung. Hier traf ich auf die Gärtner, die dabei waren, den Hang zu pflegen. Sie seien, so erklärten sie, wie Mitglieder einer Großfamilie und wollten mit aller Kraft ihren Teil dazu beitragen, die Zukunft von La Mortella zu sichern.

Ohne sich verabredet zu haben, hatte sich fast die ganze Gruppe am oberen Teich zusammengefunden. Ursprünglich als Löschteich angelegt, da Fahrzeuge diesen Teil des Gartens dicht am Wald unmöglich erreichen können, wird dieser Bereich von einer besonderen Stimmung geprägt. Inzwischen geübt im Schlagen und Aufschichten von Steinen, hatte Susana die Verwandlung des Areals geleitet. Ihre spezielle Begabung für Pflanzkombinationen ist überall spürbar. Ob durch Glück oder Geschick, hier wirken die fernöstlichen Species, als ob sie hierher gehörten, die tropischen Seerosen *(Nymphaea caerulea)* und die Lotosblumen *(Nelumbo)* im Teich, aber auch die vielen exotischen Blattformen, die Farne, die markante Reispapier-Pflanze *(Tetrapanax papyrifer)* und die tiefgrünen Philodendren um den Pavillon. Indisches Blumenrohr *(Canna)*, Papyrus und viele andere mehr fügen sich zu einem einmaligen Bild zusammen; kein Wunder, dass wir alle uns hier besonders gerne aufhielten. Die Sonne schien, das Wasser spiegelte, und die Lotosblumen wogten im leichten Wind. Es war ein passendes Finale unseres Besuchs. Fragen zur Musik von Walton und zur Rentabilität des Ortes tauchten auf, Fragen zur Zukunft von La Mortella. Alles Fragen für Alessandra, die wir anschließend beim Kaffee trafen.

La Mortella ist nicht nur ein Treffpunkt für Gartenliebhaber, sondern auch für Musiker. Die William Walton Stiftung ist deshalb nicht nur für den Erhalt des Gartens zuständig, sondern unterstützt zudem junge Musiker, vergibt Stipendien und veranstaltet Konzerte im kleinen Konzertsaal mit dem Ziel, Waltons Musik einem möglichst breiten Publikum zugänglich zu machen. Gegründet 1985, war die Stiftung Waltons Art, sich für die Unterstützung zu bedanken, die er zu Beginn seiner Karriere erhalten hatte. Walton wurde in Oldham, Nordwestengland, geboren, verbrachte jedoch dreißig Jahre auf Ischia, wie viele Künstler vor ihm magisch angezogen von der natürlichen Schönheit der Insel. George Berkeley, der irische Philosoph, schrieb 1717 in einem Brief an Alexander Pope:

»Die Insel ist wie die ganze Erde in Miniatur und beinhaltet innerhalb eines Kompasses von 18 Meilen (29 km) eine wunderbare Variation an Hügeln, Tälern, zackigen Steinen, fruchtbare Ebene und karge Berge, alles zusammengewürfelt in einem herrlichen romantischen Durcheinander«[4].

Diese Gegensätze ziehen Besucher der Insel auch heute noch an und sind für mich in La Mortella auf wunderbare Weise vereint. Wenn ich den Garten von meinem Schreibtisch aus besuchen möchte, brauche ich nur den zweiten Satz, das Lento, aus Waltons *Five Bagatelles*[5], zu hören, komponiert für Gitarre. Dann werden Erinnerungen wach und ich bin gedanklich wieder im Garten. Der Garten und die Musik William Waltons sprechen für mich eine Sprache.

---

[4] Paul Blanchard, *Blue Guide Southern Italy*, 2007
[5] 1971 I. Allegro, II. Lento, III. Alla Cubana, IV. Sempre espressivo, V. Con slancio; www.youtube.com/watch?v=D-E-2la6iWs

Wer Ischia und La Mortella besuchen möchte, muss dafür übrigens keine Kreuzfahrt buchen; Fähren pendeln regelmäßig zwischen Neapel und der Insel, sodass ein Tagesausflug durchaus machbar ist. Vergessen Sie aber nicht: mittwochs ist geschlossen!

Natürlich hat es uns alle brennend interessiert, zu wissen, was der Grund der Verzögerung bei unserer Ankunft war: angeblich ein Zwischenfall während eines bereits einige Jahre zurückliegenden Ischia-Besuchs der MS »Deutschland«. Das Schiff besuchte Ischia damals zum ersten Mal, die beiden Deilmann-Töchter waren an Bord, und der Bürgermeister von Ischia-Stadt wollte die Damen als Schiffseigner persönlich begrüßen. Als sein Tenderboot Richtung Schiff fuhr, begegnete es einem anderen Boot, die Schwestern mit den markanten langen, blonden Haaren waren auf dem Weg zum Badeausflug an Land. Ob es sich um ein Missverständnis handelte oder alles nur eine nette Geschichte ist, werden wir nie erfahren. Die Moral der Geschichte ist aber eindeutig: Hinterlasse immer einen guten Eindruck, denn man weiß nie, ob man nicht nochmal zurückkehrt.

Gärten hier? Das muss ein Witz sein:
Versteckte Paradiese in Palermo

Gärten in Palermo? Das muss ein Witz sein. Manche Städte haben einen Ruf, den sie gar nicht verdienen; dazu gehört Palermo. Wäre die Stadt nicht auf der Route der Kreuzfahrt gewesen, so hätte ich nicht widersprechen können, aber jetzt weiß ich es besser. Städte in Italien, Spanien und Frankreich bestehen darauf, dass Stadtführungen stets von ausgebildeten Guides durchgeführt werden, und das ist gut so. Dank Barbara in Paris und Mercedes in Sevilla haben wir das Herz der Städte zu sehen bekommen. So hatte ich gehofft, die Agentur würde uns jemanden zuteilen, der fähig ist, Fakten und Nebensächliches gut zu mischen. Ich kann ein Gartenprogramm zusammenstellen, aber die kleinen Extras, den Zugang zur Stadt, das liefern die Fremdenführer.

Ob es an meinem Programm oder an der Erwähnung eines spezifischen Cafés lag oder ob es nur Zufall war, werde ich nie wissen; wie auch immer, in Palermo wurde uns mit Milena ein Guide zugewiesen, wie er besser nicht hätte sein können. Mein Wunsch war, mit der kleinen Gruppe einen Spaziergang durch Palermo zu machen, den Markt und den Botanischen Garten zu besuchen und, ganz wichtig, morgens Kaffee und Cannoli in der

Bar Rosanero in der Via Lincoln einzunehmen. Es heißt, man habe Palermo nicht besucht, wenn man nicht wenigstens einmal die typischen, mit Ricotta gefüllten Hörnchen gekostet habe.

Milena zeigte uns nicht nur die Sehenswürdigkeiten der Stadt, sondern führte uns auch in ihr Herz und ihre Geheimnisse ein. Selbst eine begeisterte Köchin, verriet sie uns die Rezepte sizilianischer Köstlichkeiten, zeigte uns, wo man den besten Fisch kauft und erwies sich als kundige Führerin durch das bunte Treiben des Mercato del Capo, des Straßenmarkts. Palermo muss man erleben, riechen, schmecken und fühlen. Es ist eine Stadt, die man nicht aus dem Fenster eines Reisebusses wahrnehmen kann, sondern man muss hineintauchen. Hier trifft Europa auf Afrika, der Okzident auf den Orient. Alles ist fremd und vertraut zugleich, aufregend und verführerisch, eine einzigartige Mischung, die wir dank kundiger Begleitung hautnah erleben durften.

Palermo war im 10. Jahrhundert etwa gleichrangig mit Cordoba und Kairo, was die Anzahl und Bedeutung an Moscheen, Gelehrten und Gärten betrifft. Die Mauren übernahmen nach den Phöniziern und den Römern die Macht; sie alle haben ihre Spuren in der Architektur, der Landschaft, aber auch was die Speisen und die Kultivierung von Pflanzen betrifft, hinterlassen. Auch viele europäische Mächte sind auf Sizilien gewesen, die Normannen, die Staufer, die Spanier, die Österreicher und für kurze Zeit sogar die Briten. Das Interesse aller Eroberer galt ausschließlich Siziliens strategischer Lage in der Straße von Messina als Sprungbrett nach Afrika in die eine und nach Europa in die andere Richtung. Die kulturinteressierten Besucher des 18. und 19. Jahrhunderts fühlten sich dagegen eher vom Flair, den Gärten, der reichen Geschichte und auch von den günstigen Lebenshaltungskosten auf der Insel angezogen. Jeder, der etwas auf sich hielt, hat die Stadt besucht, Johann Wolfgang von Goethe 1787 und Richard Wagner 1881. Andere Ausländer haben sich dort niedergelassen, Villen mir parkartigen Gärten im Gründerzeitviertel der Stadt errichtet und sogar, wie die Familie Whitaker, Firmen gegründet.

Heute prägt eine gewisse Melancholie das Stadtbild von Palermo, die Pracht vergangener Zeiten ist jedoch immer noch an den Gebäuden, in der städtebaulichen Gliederung und in den Gärten ersichtlich. Besonders unter letzteren sind es vor allem die Anlagen, die schon bessere Zeiten gesehen haben, die einen besonderen, unverfälschten Charme ausstrahlen. Dazu zählt auch der Botanische Garten von Palermo[1]. Der Haupteingang, das Gymnasium, entworfen von dem französischen Architekten Léon Dufourny mit mächtigen Säulen und einem Portikus aus hellem Naturstein, gleicht einem Tempel der Antike. Hier findet die Pracht der botanischen Welt Ausdruck in Form der Architektur. Gegründet 1789 und 1795 eingeweiht, dient der Garten seit jeher vorrangig der Wissenschaft. Die Beete wurden nach der Klassifizierung von Carl von Linné aufgebaut und später, zu Beginn des 20. Jahrhunderts, mit Beeten nach der Systematik von Adolf Engler ergänzt. Pflanzbereiche, geordnet nach ihrem geologischen Standort, waren bereits in der Mitte des 19. Jahrhunderts dazugekommen. Der Garten steht heute unter der Obhut der Universität, und noch immer werden auf dem 10 Hektar großen Gelände Pflanzen gesammelt und erforscht.

---

[1] www.ortobotanico.unipa.it
Adresse: Via Lincoln, 2, 90133 Palermo, Italia

Heute herrscht im Garten eine sehr angenehme Melange aus Ordnung und Lässigkeit. Die Kakteen sind auf langen, regalähnlichen Tischen im Freien aufgestellt, Reihe auf Reihe, alle in Terrakotta-Töpfen, alle beschriftet. Ganz in der Nähe wurde unter Glas eine Wüstenlandschaft inszeniert. Unter dem blauen Himmel und bei den warmen Temperaturen wirken die übermannshohen Kakteen und begleitenden Sukkulenten absolut selbstverständlich. Eins der Ziele bei Gründung des Botanischen Gartens war es denn auch, Pflanzen aus anderen, wärmeren, tropischen und subtropischen Klimazonen hier in Palermo zu akklimatisieren, bevor sie in Italien und im restlichen Europa weiterverbreitet werden sollten. Spezies aus Südamerika wie die markanten Flaschenbäume einer Allee *(Chorisia insignis)* fühlen sich hier tatsächlich wie zu Hause, wie ihre heutige Größe zeigt. Auch andere fremdländische Pflanzen, etwa die diversen Palmen, wirken so selbstverständlich, dass sie nicht aus dem Gartenbild wegzudenken sind.

So bilden beispielsweise *Washingtonia*-Palmen mit ihren hochaufragenden Wedeln eine Allee durch den Garten und bieten so eine wichtige Orientierungshilfe in einer Anlage, deren Ausmaße aufgrund der stückweisen Erweiterung schwer einzuschätzen sind. Noch dazu wurde hier nicht, wie in anderen botanischen Gärten, alles luftig auf Abstand gepflanzt, sondern jeder Quadratmeter Boden ausgenutzt. Die beiden den Garten durchziehenden Hauptachsen, kreuzen sich am Aquarium, wo aquatische Pflanzen, vornehmlich Seerosen, und nicht Fische im Mittelpunkt stehen. Aus der Ferne schaut das Becken aus drei konzentrischen Kreisen, die in 24 Segmente unterteilt sind, erstaunlich modern aus und wirkt, als ob es zu Art-Déco-Zeiten in den 1930er-Jahren und nicht bereits Ende des 18. Jahrhunderts erbaut worden wäre. In unterschiedlichen Wassertiefen gedeihen hier zahlreiche Seerosen sowie die Lotosblume *(Nelumbo nucifera)*. Das Arrangement hat etwas Fremdartiges, aber gleichzeitig auch etwas Faszinierendes an sich, was auch auf den ganzen Garten zutrifft. Die Sandwege sind gekehrt, die Pflanzen gepflegt, aber die Struktur ist in Auflösung begriffen. Wo das Geld nicht ausreicht, kompensiert man es mit Liebe.

Wer ordentliche, gepflegte Beete bevorzugt, dem wird der am Ende der seitlichen Achse an den Botanischen Garten angrenzende Garten der Villa Giulia gefallen. Die Villa ist längst verschwunden, aber sie ist im Namen des ersten öffentlichen Parks Italiens verewigt. Während der Botanische Garten schattig und romantisch ist, ist der Park der Villa Giulia, angelegt 1777 von Nicolò Palma, geprägt von formalen Gestaltungsprinzipien: ein Kreis innerhalb einer Raute in einem Rechteck. Goethe hielt die Anlage, bestückt mit Zitrus-Bäumen, Oleander und blumenbewachsenen Pergolen, bei seinem Besuch für die schönste, die er je gesehen habe. Vielleicht war es damals so, aber heute wirkt die Anlage streng und steif. Der sizilianische Stil kommt wesentlich besser im Botanischen Garten zum Ausdruck und zeigt sich in der Wechselwirkung von Licht und Schatten, von Hitze und Kühle sowie der fast beiläufigen Erscheinung der Anlage.

Geschwungene Wege ziehen sich wie Pfade zwischen den Hauptachsen durch die umfangreichen Sammlungen von Palmen, darunter auch die in Sizilien heimische *Chamaerops humilis*, Bambuspflanzen und Sukkulenten. Nicht nur die Vielfalt, sondern auch die Anordnung ist beeindruckend, denn hier herrscht eine gelungene Kombination zwischen botanischer

Expertise und gärtnerischem Können. Der Mut und die Neugierde der Gründungsverantwortlichen, Bäume zu pflanzen, von denen man nicht wusste, wie sie sich entwickeln würden, ist nur zu bewundern. So haben sich die Gummibäume *(Ficus magnolioides)*, 1845 aus Australien importiert, über die Jahre zu lebenden Kathedralen entwickelt, deren Luftwurzeln sich in den Boden bohren und den Anschein erwecken, als würden sie die waagrechten Äste stützen.

Diese Bäume sind überall in Palermo an den Straßen und Plätzen zu finden. Der kleine Stadtgarten Giardino Garibaldi unweit des Botanischen Gartens, den uns Milena als Teil ihre Stadtführung vorführte, scheint damit gefüllt zu sein. In der Realität ist es aber nur ein einzelner Baum, der mit seinen dunkelgrünen Blättern und einem dichten Vorhang aus Luftwurzeln alles andere in seiner Umgebung in den Schatten stellt. Umgeben von einem formschönen Eisengitter, stellt sich die Frage, wer hier beschützt wird, der Gummibaum, der zu den größten in Italien gehört, oder die Menschen vor der Wuchskraft der Natur. Natürlich mussten wir an diesem Naturspektakel anhalten, um Fotos zu machen und das Leben im Park zu beobachten. Jung und Alt, gemeinsam Schach oder Ball spielend, ins Gespräch vertieft oder Zeitung lesend, einem jeden bietet der kleine Stadtpark Gelegenheit, seinem Vergnügen nachzugehen. Die Anlage samt Gärtnerhaus wurde zwischen 1861 und 1864 von dem italienischen Architekten und Landschaftsarchitekten Giovanni Battista Filippo Basile geplant; Lampen, Gitter, Sitzbänke, alle in einer einheitlichen Gestaltungssprache, leicht verschnörkelt aber solide, zeugen vom Reichtum Palermos im 19. Jahrhundert. Ein Flohmarkt für Antiquitäten und antiquarische Bücher an der Flanke des Parks lockte uns weiter, genau wie die gegenüberliegenden Straßencafés, ein bisschen wie in Paris, aber hier mit fast tropischem Flair. Und als ob eigens für mich ausgelegt, entdeckte ich an einem der Flohmarktstände ein Heft[2] über die Villa Malfitano.

Unter dem Namen Villa Whitaker[3] bekannt, war dieses Anwesen am Ende des 19. Jahrhunderts Mittelpunkt des Kulturlebens der Stadt, Treffpunkt der Intellektuellen, Anziehungspunkt für Engländer auf der Durchreise und die, die sich in Palermo niedergelassen hatten. 1887 vom palermischen Architekten Ignazio Greco d'Onofrio nach dem Vorbild der Villa Favard in Florenz für den sizilianisch-britischen Weinhändler, Ornithologen und Archäologen Joseph (Pip) Whitaker (1850–1936) und seine Gemahlin Catharina erbaut, war die im klassizistischen Stil errichtete Villa von einem Park mit subtropischen Pflanzen umgeben.

Versehen mit Gummibäumen, Drachenbäumen, Andentannen *(Araucaria)*, allerlei Palmen und einem Exemplar des sonderbaren *Beaucarnea longifolia*, einem Baum mit verdicktem Stamm und einer Krone aus grasartigen Büscheln, wurde dieser private botanische Garten von seinem *capo giardiniere*, dem Chefgärtner Emilio Küntzmann, angelegt, der offensichtlich einen Sinn für Ordnung hatte, denn die Bäume wurden eher nach wissenschaftlichen als nach gärtnerischen Geschichtspunkten im Park verteilt. Jeder Baum steht für sich im Rasen, genauso, wie man es in einem Arboretum erwarten würde.

---

[2] *Villa Malfitano.* Herausgegeben von Francesco Brancato und Rosario Lentini, Fondazione Giuseppe Whitaker, Palermo, 2004
[3] www.fondazionewhitaker.it
Adresse: Via Dante Alighieri, 167, Palermo, Italia

Die Lockerheit und Üppigkeit, die man im Garten ein bisschen vermisst, ist dafür in den Innenräumen der Villa zu finden. Prachtvoll ausgestattet, erinnert der Sommersalon an eine Laube, verziert an Wänden und Decke mit Kletterpflanzen, alle gemalt von dem zu seiner Zeit bekannten Maler Ettore de Maria Bergler, der die Räume mit bukolischen Landschaftsszenen versah. Joseph Whitaker war begeisterter Ornithologe, und hier im Salon hatte er das Gefühl, inmitten der Natur sitzen. Heute befindet sich das ganze Anwesen in der Obhut der Fondazione Giuseppe Whitaker; so ist ein wichtiger Teil von Palermos kultureller Geschichte gesichert und der Öffentlichkeit zugänglich. Man gibt sich sehr viel Mühe, dennoch ist zu sehen, dass Geld und Arbeitskräfte knapp sind. So fehlt dem Ganzen der persönliche Touch, wie beispielsweise die Beigabe von Blumenschmuck am Haus, was die sachliche Gestaltung des Parks etwas entschärfen würde. So wirkt der Garten, als ob er darauf wartet, entdeckt zu werden, was auch in gewisser Hinsicht zutrifft, denn Villa und Park sind von der Straße her nicht einsehbar.

Wie in der sizilianischen Küche sind die Einflüsse anderer Kulturkreise auch in der Pflanzenwelt zu finden, und das sowohl in positiver als auch in negativer Hinsicht. Dattelpalmen, ursprünglich von den Mauren eingeführt, sind heute ein fester Bestandteil des Stadtbilds von Palermo. Ihre Zukunft aber ist durch einen Käfer, eingeschleppt aus Südostasien, gefährdet. Man tut alles, um sie zu schützen und befallene Exemplare zu retten, aber der Vormarsch des roten Palmrüsselkäfers ist nicht aufzuhalten. Unbemerkt bohrt er sich tief in den Stamm hinein, legt dort seine Eier ab und frisst die Palme von innen auf. Fallen die gelben und schlappen Wedel ins Auge, ist es meistens schon zu spät.

Häufig sitzen dann schon bis zu 300 Käfer in dem Baum, die schon ihr nächstes Opfer im Auge haben.

Milena bat den Busfahrer, die palmengesäumten Straßen hinunter zu fahren, sodass uns die Auswirkungen und die Zeichen einer Attacke dieser Monsterkäfer bewusst wurden. Die Vorstellung, dass vieler der schlanken hohen Palmen wegen eines drei Zentimeter großen Käfers gefällt werden müssen, war für uns schwer vorstellbar, bis wir die ersten Stümpfe erreichten. Sie wirkten wie Mahnmale, eine Warnung, wie es im Mittelmeerraum vielleicht ausschauen könnte.

Der Palmenkäfer frisst sich inzwischen durch den südlichen Mittelmeerraum. Hinweise und Erfahrungen zu Bekämpfungsmaßnahmen werden ausgetauscht, Gartenämter verschiedener Länder kooperieren, was gut für die Völkerverständigung, aber bisher ohne Ergebnis geblieben ist. Aus dem Schicksal der Palme können wir aber lernen: Wer heute exotische Pflanzen pflanzen möchte, sollte es sich gut überlegen und sie nur bei anerkannten Baumschulen erwerben, denn man weiß nie, wer sonst als blinder Passagier mit einreist.

Die Versuchung, bei Reisen eine Pflanze als Souvenir mit nach Hause zu nehmen, ist groß, aber man muss sich fragen, ob diese Pflanze wirklich gedeihen wird oder ob es sich nur um eine momentane Begeisterung handelt. Was einige von uns von dieser Reise jedoch mitnahmen, waren Bündel von herrlich duftendem getrocknetem Origano direkt vom Markt ebenso wie getrocknete Tomaten, perfekt, um die Stimmung von Palermo daheim aufleben zu lassen. Und die Rezepte dazu, die hatten wir von Milena.

Ponza, eine Insel für Kenner

Es war schwierig, etwas über Ponza in Erfahrung zu bringen. Wenn der Name nicht auf dem Routenplan gestanden hätte, könnte man annehmen, dass es sich um eine Automarke oder gar eine Abwandlung des beliebtesten italienischen Gerichts, der Pizza, handeln würde. Hätte ich allerdings die Klatschpresse gelesen, die meine Tochter im Sommer als Urlaubslektüre dabei hatte, wüsste ich Bescheid. Ponza ist die italienische Insel, auf der Hollywood-Stars Urlaub machen, wenn sie ungestört sein wollen. Sie sind dort in guter Gesellschaft, denn auch die Elite von Rom scheint sich im Juli und August auf die Insel zurückzuziehen. Dann wimmelt der Hafen vor Yachten und schicken Playboy-Booten.

Teil eines Archipels im Tyrrhenischen Meer, etwa 32 Kilometer vor der Küste zwischen Rom und Neapel gelegen, sind Ponza und ihre kleineren Schwestern Ventotene und Santo Stefano wie auch die Inselchen Palmaola, Gavi und Zannone, sozusagen der lückenhafte obere Rand eines riesigen Kraters, der bis Neapel gereicht hatte. Das Starkbeben von Amatrice 2016 hat uns auf deutliche Weise daran erinnert, dass in Mittelitalien die Gefahr von tektonischen Bewegungen sehr real ist. Dort, wo ein Teil der afrikanischen Erdplatte auf die eurasische Platte trifft, bauen sich riesige Spannungen im Untergrund auf, die man immer wieder an der Oberfläche spürt. Überall in Italien gibt es Spuren von seismischer Aktivität, seien es die stumpfen Reste von Vulkanen bei Rom, die Stadt Pompeji mit dem Vesuv oder eben das Vulkangestein der Ponza-Inseln.

In der Antike von den Römern als Ferienort und Abschiebeplatz für problematische Mütter und Ehefrauen besiedelt (sowohl Caligula als auch Nero haben ihre Mütter auf Ventotene verbannt), waren die Inseln nach dem Niedergang des römischen Imperiums bis zum 18. Jahrhundert sich selbst überlassen. Wer die steilen Hänge erstmals sieht, wird sich wundern, wie man auf die Idee kommen konnte, die Hauptinsel des Archipels, Ponza, landwirtschaftlich auszubauen. Die Bourbonen hatten offensichtlich ein Faible für ungewöhnliche Vorhaben (siehe Seite 44) und schickten Siedler vom Festland hinüber, um die Insel zu kolonisieren. Die Hafenstadt Ponza wurde ausgebaut, die Hänge wurden terrassiert, Obstbäume und Weinreben wie auch Gemüse gepflanzt. Berichte aus jener Zeit sprechen von einer Garteninsel.

An dem Tag, an dem wir vor Ponza lagen, waren keine Ausflüge vorgesehen. Die bescheidene Größe der Insel, der Mangel sowohl an Transportmitteln wie auch an Guides und ganz einfach die Tatsache, dass die Insel auch für die Agentur in Livorno, die das Landausflugsprogramm für Italien ausgearbeitet hatte, Neuland war, bedeutete, dass jeder auf sich gestellt sein würde. Auch die Gartengruppe hatte frei. Die zehntägige Reise war dicht bepackt mit Ganztagsausflügen und nur wenigen Seetagen dazwischen, an denen man etwas Abstand vom Grün (und der Gruppe) hatte. Abenteuerlustige konnten den Ort selbst erkunden, denn Tenderboote würden regelmäßig zwischen Hafen und Schiff pendeln. Für diejenigen, die »zu Hause« bleiben wollten, war ein Frühschoppen am Pool mit Freibier angekündigt.

Das Wenige an Informationen, das ich ergattern konnte, reichte, um mein Interesse anzufeuern. So hatte ich am Vortag angekündigt, ich würde die Insel auf eigene Faust erkunden. Wer sich anschließen wollte, sollte mich am ersten Tenderboot treffen. Sollte es wirklich nichts zu sehen geben, könnten wir uns mit einem richtigen Espresso oder Cappuccino versöhnen, ein Café wird es schon geben.

In der Regel können es die Passagiere gar nicht erwarten, von Bord zu kommen, und drängen an den Ausgang. Dieses Mal standen nur zwölf Seelen dort, darunter neun von der Gartengruppe. Freibier war offensichtlich ein größerer Lockvogel als die unbekannte Insel. Einen Hafen mit dem Tenderboot anzusteuern gehört für mich zu den Höhepunkten einer Schiffsreise, ganz besonders dann, wenn es sich um einen Erstbesuch handelt. Bei strahlender Sonne fuhren wir los. Die Farben waren atemberaubend: weiße Klippen zu türkisfarbenem Meer, und am Ende der Bucht bunte Häuser in Pink, Gelb, Weiß und sogar Hellblau, wie Schuhschachteln übereinander gestapelt. Bilder von Griechenland kamen mir in den Sinn, aber im Gegensatz zum östlichen Mittelmeerraum waren die oberen Hänge erstaunlich grün. Je näher wir zum Hafen kamen, desto mehr zeigte sich die Stadt. Eine Basilika war ganz links zu sehen, an die sich eine Landzunge mit hellgrauem, hochragendem Felsen anschloss, sie war oben mit einem stumpfen Turm bekrönt und unten mit einem Saum von dunklen Löcher just oberhalb des Wasserspiegels versehen.

Am Kai angekommen, erwartete uns ein kleines Empfangs-
komitee von zwei Herren und einigen Taxen. Sie sahen auf dem
erstaunlich großzügig gepflasterten Platz etwas verloren aus.
Eine Zeile mit dreistöckigen Häusern, abwechselnd in Terrakot-
ta, Blau und Creme gestrichen, war gegen den Hang gedrückt,
als suchten sie Schutz vor dem Wasser. Einige wenige Ausflugs-
boote lagen aufgereiht und warteten auf Kundschaft, die restlichen waren bereits eingehüllt für den Winter. Die Altstadt
schien auf der linken Seite zu liegen, oberhalb der himbeerfarbe-
nen Hafenmauer zur Basilika hin. Außer dem Schlagen der Taue
an den Masten und den Schreien der Möwen war es erstaunlich
ruhig. Nebensaison.

Während wir uns orientierten, schritt ein Herr im T-Shirt auf
uns zu. »Salve! Waren wir vom Schiff? Wie viele Passagiere sei-
en an Bord? Was würden wir gerne machen? Vielleicht könne
er uns helfen.« Eher interessiert und hilfsbereit als aufdringlich
stellte sich Mario, der selbsternannte Fremdenverkehrschef des
Ortes, vor. Als ich zugab, dass mangels Informationen niemand
an Bord wusste, was es auf Ponza zu sehen gäbe, eilte er zu einer
der parkenden Taxen, öffnete den Kofferraum, wühlte herum
und kam mit einem Stapel Faltbroschüren zurück: *Ponza e le sue
isole,* edizione 2009. Endlich etwas Handfestes, mit Landkarte
und Kurzinformation zur Insel, auf Italienisch, auf Englisch und
sogar auf Deutsch.

Was die Gestaltung des Vormittags betraf, hatte Mario verschiedene Vorschläge. Er konnte uns eine Inselrundfahrt mit
dem Schiff oder mit dem Taxi anbieten. »Wie wäre es, wenn wir
einen kurzen Ausflug mit dem Boot, gefolgt von einer Kaffee-
pause und einer etwa einstündigen Inselrundfahrt im Taxi un-

ternehmen würden?« Mario zögerte nur kurz, nahm sein Handy, sprach kurz, aber energisch und wandte sich an uns. »Für wie viele Personen?« Alle wollten gerne einen Ausflug mit dem Touristenboot machen, und nur sieben, alle von der Gartengruppe, würden die anschließende Taxifahrt unternehmen.

»Wenn Sie alle vom Ausflug berichten, kann ich Ihnen einen Sonderpreis anbieten. Leo fährt Sie, das Taxi kostet 70 Euro die Stunde und es gibt ein Café am Hafen.« Besser konnte es nicht sein. Wir überreichten das Geld für den ersten Teil des Programms und Mario führte uns zu einem weißen Ausflugsboot mit gelber Aufschrift. Passend zu seinem Boot trug Leo eine knallgelbe Windjacke und darunter ein weiß-gelb gestreiftes Poloshirt. Wie von einem Kran-Fahrerhaus steuerte er sein Boot von oben aus und wies eine gewisse Ähnlichkeit mit einer Galionsfigur auf. Nach der Begrüßung und dem Hinweis, dass er nur italienisch spräche, fuhren wir los.

Als eine Flut von Sätzen aus dem Lautsprecher schoss, wurde schnell klar, die Kombination von Sprachgeschwindigkeit, Motorengeräusch und fremdem Vokabular war zu viel. Nur einzelne Wörter kamen bei uns an, darunter Grotte de Pilatus. Das waren die dunklen Löcher im Felsen, die wir aus der Ferne erspäht hatten. Aus der Nähe sahen die bogenartigen Höhlen wie private Schwimmbäder aus. Laut Leo waren sie intern durch Tunnels verbunden und waren tatsächlich von den Römern vor über 2000 Jahren gebaut worden. Hier waren früher unter anderem Aale gezüchtet worden, und Kaiser Augustus, der oberhalb der Felsenklippen eine Villa besaß, soll hier gebadet haben. Leo steuerte das Boot nah an die Felsen, so konnten wir mehr sehen und verstehen, denn es war nun deutlich leiser, gar unwirklich;

es schien wie mitten in einem James-Bond-Film zu sein. Man erwartete, dass gleich ein kleines U-Boot anlegen würde oder wenigstens ein schickes Riva-Motorboot zu sehen wäre.

Was mich faszinierte, waren die Felsen selbst. Ein karamellfarbenes Quadrat hatte sich irgendwie zwischen dem grauweißen Gestein eingeschmuggelt. Das war aber nur der Auftakt zu einer aufregenden Mischung von Gesteinsarten und Gesteinsformen, die Geologen seit Jahrhunderten nach Ponza lockt. Sicherlich stand etwas in meinen *National-Geographic*-Heften; statt sie nur aufzustapeln, sollte ich sie besser lesen. Als wir um die kleine Landzunge herumfuhren, kam Fahrtwind auf. Im Schatten war es doch frisch, wir waren eindeutig zu leicht angezogen, aber das war egal, denn vor unseren Augen baute sich ein einzigartiges Naturspektakel auf. Die Klippe unterhalb des kleinen weißen Leuchtturms, denn das war das stumpfe Bauwerk, wirkte wie ein abstraktes Gemälde. Das untere Drittel war glatt geschliffen; darüber erstreckte sich eine senkrechte Partie, durchlöchert von Höhlen, zu perfekt um von der Natur gestaltet zu sein und so offensichtlich Teil des Tunnellabyrinths und ganz oben als eine bräunliche Kruste, filigran wie Spitze.

Leos Stimme wirkte wie Hintergrundmusik, als aber »Madonna Klippen« zu hören war, strengten wir uns an. Vor uns sahen wir in die Höhe ragende Riffe, die wie spitze Schneidezähne dicht nebeneinander standen und nur durch eine schmale Wasserpassage voneinander getrennt waren. Das Meer war an dieser Stelle unglaublich klar und wies, obwohl die Sonne fehlte, ein strahlendes Türkis auf. Das Weiß des unteren Gesteins leuchtete durch das Wasser hindurch, und wie in einem Aquarium wimmelte es hier von Fischen. Aber alle Blicke richteten sich auf die Felsen. So als ob sich das Meer in ihnen spiegeln würde, waren türkisfarbene Flecken willkürlich über das Gestein verstreut. Während die Felsen an der Küste glatt waren, schienen diese »Zähne« voller Bewegung zu sein. Fünf- bis sechseckige Prismen stapelten sich eng an eng, nicht senkrecht wie am »Giant's Causeway[1]« in Nordirland, sondern in Schräglage, alle abgerundet wie Kapseln, als ob sie irgendwelche sonderbaren Meerestiere beherbergen würden. Erst später wurde mir klar, woran mich diese Formen erinnerten, es waren *percebes*, Entenmuscheln, sonderbare Meeresfrüchte, die an den Felsriffen der Küste Galiziens gesammelt werden. Etwas davon entfernt, sahen die Gesteinsformationen für mich wie Elefantenfüße aus.

Der kleine Abschnitt, den wir vom Wasser aus sahen, bot einen Einblick in die faszinierende Geologie der Insel, wo Streifen unterschiedlichen Vulkangesteins nebeneinander liegen und für das spannende Relief verantwortlich sind. In diesem Teil der Insel traf dunkler Rhyolith auf hellen Trachyt mit Sprenkeln von Bims- und Tuffstein. Dass Natursteingebilde inspirierend sind und immer wieder eine Rolle in der Gartengestaltung spielen, sei es in chinesischen Gärten (siehe Seite 227) oder in den Grotten der Renaissance, war angesichts der hier gebotenen Naturschönheit absolut nachvollziehbar.

Am Hafen angekommen, wartete Mario mit einem Taxi auf uns. Es gibt Fahrzeuge in Italien, die man nirgendwo anders antrifft. Dieses war kastenförmig und sah aus wie ein Kleinbus, der in der Wäsche geschrumpft war. Lächelnd fragte ich, wie

---

[1] UNESCO-Weltkulturerbe, Basaltsäulen wie Treppen und Stufen, die eng an eng aus dem Meer ragen und ein Naturwunder bilden.

viele Menschen dort wohl Platz hätten? Als die Antwort kam: »Fünf Amerikaner oder acht Japaner, und jetzt werden wir sehen wie viele Deutsche«, musste ich schmunzeln. Auch wenn es gemütlich eng war, fanden wir alle ein Plätzchen, drei auf dem Rücksitz, drei in der Mitte und einer vorne neben dem Fahrer Alessandro. Zuvor aber gab es einen Kaffee und für manche gar einen Drink.

Als ob er eine Nobelkarosserie chauffierte, fuhr Alessandro uns die paar Hundert Meter zum Café vor. Es schien der Treffpunkt des Orts zu sein, mit ein paar Tischen draußen und einer langen Bar drinnen, das gesamte Dekor in hellem Pfefferminzgrün gehalten, war hier mehr Leben, als uns auf der ganzen Insel bisher begegnete. Der Kaffee war stark und heiß, Brioche gab es auch, was wollten wir mehr! Gestärkt und erwärmt, konnten wir zur nächsten Etappe aufbrechen.

Wer es vorher nicht bemerkt hatte, dem wurde spätestens jetzt klar, dass die Insel über große Höhenunterschiede verfügt. Höhenangst durfte man nicht haben. Das Auto mühte sich die steile Straße, als ob wir auf die Wolken zusteuerten. Schmale Terrassen zogen sich den Hang hinauf, aber nur die Hälfte war bewirtschaftet. Ab und zu waren sogar Weinreben zu sehen, aber die meisten Parzellen wurden der Natur überlassen. Gehölze waren rar, dafür gab es zahlreiche Feigenkakteen und Dickichte von Riesenschilf *(Arundo donax)*, die wenigstens einen Nutzen haben und zu Zaunmatten geflochten werden. Hier oben lagen Boote so selbstverständlich wie Autos neben den Häusern, auf fast 200 Metern Höhe über dem Meeresspiegel, sehr eigenartig. Wie Alessandro uns erklärte, gibt es nur wenige geschützte Liegeplätze am Hafen, und da der Wellengang gerade im Winter heftig ist, möchte es niemand riskieren, dass sein Boot an den Felsen zerschmettert wird. Deshalb wird es zum Ende der Saison nach oben geschleppt.

Wir befanden uns oben auf dem Rückgrat der Insel. Das Meer war auf beiden Seiten zu sehen, die Hänge sind beidseitig gewölbt, dazwischen braun-grünes Grasland mit nur vereinzelten Bauten. Dafür, dass es nur eine in Nord-Süd-Richtung verlaufende Straße auf der Insel gibt, war es erstaunlich ruhig. Alessandro hielt immer wieder an, um uns etwas zu zeigen, wie zum Beispiel das Naturschwimmbecken von Cala Feola, einer Bucht wie aus dem Bilderbuch, mit einem kleinen Kai, vor dem mehrere Reihen von Fischerbooten ankerten. Auf der Insel gibt es wenige Strände, die meisten sind nur vom Wasser aus oder über abenteuerlich steile Treppen erreichbar. Diese geheimen Buchten, wo man unter sich sein kann, sind Grund der Beliebtheit der Insel.

Die nach Westen orientierten Hänge sind mit Weinstöcken bepflanzt. Weiße Trauben werden hier angebaut, manche sogar zu Prosecco verarbeitet. Ob wir Alessandros Angebot angenommen, haben seinen Wein zu probieren, daran kann sich keiner von uns mehr richtig erinnern. Ich bilde mir ein, wir haben ein gelb gestrichenes Haus mit einem Treppenabgang und einem sehr, sehr steilen Garten besucht.

Was mir aber absolut im Gedächtnis geblieben ist, war der Blick auf die MS »Deutschland«. Alessandro hatte an einem Aussichtspunkt angehalten, um die Bucht und das Meer zu bewundern. Die Poolparty an Bord war offensichtlich voll im Gange und die deutschen Schlager schallten bis zu uns hinauf, ein krasser Kontrast, an den sich die Anwohner längst gewöhnt haben. Ob römischer Kaiser oder deutscher Tourist, Ponza war und ist immer noch ein Ort, wo man abschaltet und Partys feiert.

Wir hatten die vereinbarte Stunde längst überschritten. Unser Fahrer hätte uns gerne noch mehr von der langen, schmalen Insel gezeigt. Alles für das *la prossimo volta*, es war wunderbar, aber uns reichte das Serpentinenfahren erst einmal. Wir fuhren eine besonders steile Straße hinunter nach Ponza-Stadt. Hier waren die Terrassen gepflegter, sogar als Gärten erkennbar. Tomaten, Auberginen und Melonen wurden dort angebaut, Feigenbäume wuchsen auch, ebenso Weinreben. Sogar eine Pinie stand dazwischen. Alles nur ein kleiner Hinweis darauf, wie die Insel womöglich früher bewirtschaftet war.

Zurück am Hafen, legte das Tenderboot gerade an. Es hatten sich also doch einige Passagiere noch an Land getraut. Von Mario war nichts zu sehen, schließlich war es Mittagszeit. Wir verabschiedeten uns von Alessandro und voneinander, erstaunt, wie viel wir gesehen hatten. Manche wollten zurück an Bord, andere machten sich auf, die Stadt zu erkunden. Ich war immer noch auf der Suche nach Literatur und wurde in einer Buchhandlung fündig. Zwischen den Postkarten und Romanen entdeckte ich den aktuellsten Insel-Führer[2], aus dem Jahr 1988! Aus Freude, jemand würde sich für die Insel interessieren, bekam ich ein Heft mit dem Titel *Itinerario Archeologico* geschenkt. Veröffentlicht 2009, bot dies die Informationen, die ich zuvor vergeblich gesucht hatte.

---

[2] *Ponza isole Azzurre a cura di Silverio e Giuseppe Mazzella*, Edizioni del Brigantino, Ponza 1988

Ponza, früher Pontia genannt, ist reich an Resten aus der altrömischen Zeit; damals war es das Äquivalent der feinsten Strecke an der Côte d'Azur mit ihren Luxusvillen. Leider wurde vieles von den Bourbonen während der Besiedlung von Ponza zerstört, alte Gemäuer abgebaut und die Steine als Baumaterial verwendet. Die Infrastruktur wie die Meeresbecken, die Tunnels, der Aquädukt, die Zisternen und auch die Terrasse aus römischer Zeit, wo die Villen standen, sind noch vorhanden und vermitteln einen Eindruck vom Stellenwert dieser Insel. Vor allem die Bauart der Terrassen unter Verwendung von Tuffstein und Ziegeln geben wichtige Hinweise auf die Größenordnung dieser Villa. Hätten wir vor 2000 Jahren diese Insel besucht, hätten wir grandiose Gärten besuchen können. Auf der anderen Seite des Hafens, im Stadtteil Santa Maria, wurden 1926 im Zuge der Straßenarbeit die Reste einer 200 Meter langen Sonnenterrasse entdeckt, gestützt von Säulen und mit vorgesetztem Portikus. Anhand der kostbaren Mosaikfußböden und der Dimensionen der Anlage kann man sich ein Bild von der Weitläufigkeit der Sommerresidenz machen.

Manchmal ist das, was sich unter der Oberfläche verbirgt, genauso wichtig wie das, was man direkt sieht. Mit den nun vorhandenen Informationen habe ich die Landschaft jedenfalls mit anderen Augen angesehen, als ob sich ein Vorhang geöffnet hatte, Konturen wahregenommen, konnte erkennen, wo die Villen jener Zeit gelegen hatten. Wäre da nicht der geniale Routenplaner in Neustadt-in-Holsten gewesen, es wäre uns eine wahre Perle entgangen.

La Cervara, das verborgene Juwel von Ligurien

Wie die Promis sind auch wir mit dem Schiff nach Portofino angereist und ankerten in der Bucht von Tigullio. Auf dem Wasserweg anzureisen ist nicht so extravagant wie es klingt. Der malerische Ort mag nur wenige Kilometer von Genua entfernt sein, liegt aber abseits. Die einzige Zufahrtsstraße der Halbinsel ist nicht nur kurvenreich und eng, sondern in der Hauptsaison nur für Anlieger freigegeben. Gelingt es, an den Sperren vorbeizufahren, ist das nächste Hindernis der Pendelbus, der regelmäßig zwischen Santa Margherita Ligure und Portofino verkehrt. Die Fahrer haben den größten Spaß daran, Touristen zu erschrecken und schauen amüsiert zu, wie Pkws rangieren und sich vorbeiquetschen. Erreicht man das zauberhafte Fischerdorf, sind Besucherparkplätze rar und sehr teuer. Einheimische benutzen die tägliche Fähre zwischen Camogli und Portofino[1], sie ist schneller, gegenverkehrsfrei, und man kommt in den Genuss der einmaligen Küstenlandschaft.

Nicht für jedermann zugänglich zu sein hat aber den Vorteil, dass Portofino, mit Ausnahme der erstaunlich bescheiden

---

[1] Wetterbericht stets prüfen, denn die Fähre fällt bei schlechtem Wetter und hohen Wellen aus.

zugeschnittenen Designer-Boutiquen, sein individuelles Flair beibehalten hat. Die bunten Reihenhäuser am Hafen sind nicht geschleckt und hergerichtet, sondern von Patina gezeichnet. Einen Bäcker gibt es noch mit der örtlichen Spezialität Focaccia, auch normale Cafés, wo man schnell einen Espresso an der Bar trinken kann und keine Hypothek aufnehmen muss, um die Rechnung zu bezahlen. Die umliegenden Hänge sind nicht, wie in Südfrankreich, zugebaut, sondern mit Gärten, Wäldern und Olivenhainen bedeckt. Man sieht kaum Neubauten, nur einzelne Villen und kleine Landhäuser inmitten von terrassierten Grundstücken. Grün überwiegt, nicht Beton.

Dass die Mittelmeer-Flora von Eichen, Steineichen, Aleppo-Kiefern, Baum-Heide, Myrte und Gewächsen der Macchia gedeihen kann, ist dem regionalen Naturpark Monte Portofino[2] zu verdanken. Es gibt keine Straßen, keine Parkplätze, nur Wanderwege, Steilhänge und Natur, und diese reicht bis zum Meer, haftet an den Klippen und ragt bis zu den Wolken, die wie eine Haube auf dem 610 Meter hohen Berg sitzen. Der Naturpark ist laut Betty Saccaro der Grund, weshalb die Bebauung in Portofino begrenzt ist und alte Gebäude geschätzt werden. Ich hatte Betty, die leitende Angestellte von La Cervara, 2009 angeschrieben, nachdem ich einen Hinweis zum Garten in der Faltbroschüre *Grandi Giardini Italiani*[3] entdeckt hatte. Nunmehr standen wir im Klostergang der Abbazia di San Girolamo al Monte di Portofino und wurden in die Geheimnisse des denkmalgeschützten Ensembles eingewiesen, was gleichzeitig ein Schnellkurs in

---

[2] www.parcoportofino.it
[3] www.grandigiardini.it

italienischer Geschichte war. Auch heute, nach mehreren Besuchen, fällt es mir schwer, mir alles zu merken, ganz einfach, weil ich jedes Mal dem Zauber von La Cervara verfalle.

Nahe Santa Margherita Ligure, wie Portofino auf einem kleinen Vorsprung gelegen war, erfolgte 1361 die Gründung der Abtei durch das Benediktinerkloster Santo Stefano in Genua. 1364 bezogen und im 15. Jahrhundert erweitert, wurde die Abtei dank der Unterstützung einiger mächtiger Genueser Adelsfamilien zu einer der wichtigsten der Region. Man errichtete im 16. Jahrhundert einen Turm als Wachtposten gegen die Piraten, denn der Ruf und Reichtum des Ortes hatten sich herumgesprochen. Namhafte Gäste kamen zu Besuch, unter anderem einige Päpste, aber auch Franz I. von Frankreich, der hier als unfreiwilliger Gast von Karl V. von Spanien in einem Zimmer oberhalb der Klippen gefangen gehalten wurde.

Das gesamte Anwesen wurde 1859 von der Diözese verkauft, erlebte mehrere Besitzerwechsel und diente als Unterkunft für verschiedene religiöse Gemeinden, bis man es 1937 zum Privathaus umfunktionierte. Als der jetzige Besitzer Signore Mapelli das verlassene und vergefallene Anwesen 1990 besichtigte, war er sofort davon gefesselt. Der Zustand des Nationalmonuments war verheerend, die Aufgabe enorm. So ganz wusste er nicht, was er mit La Cervara machen würde, nur dass er dieses besondere Bauwerk wieder zum Leben erwecken wollte.

Verrückt, kostspielig, eine Lebensaufgabe. Aber je mehr Zeit man hier verbringt, desto nachvollziehbarer sind die Beweggründe der Entscheidung von Signore Mapelli. Die Lage allein direkt an der Küste, mit dem bewaldeten Hang als Schutz, ist einzigartig. Die Bauten sind imposant, aber nicht erdrückend.

Ihre Anordnung logisch und nicht zerstückelt, und der Garten entwickelt auf unterschiedlichen Ebenen zum Meer und auch zum Hang hin sein volles Potential. Gianenrico Maria Mapelli ist ein Geschäftsmann, der eine der Erfolgsgeschichten des italienischen Mittelstands schrieb. Er führte in den 1980er-Jahren die Folieneinschweißung von Fleisch nach Italien ein, produziert Salami, ist bodenständig, sachlich, hat aber einen Hang zur Kunst und zur Kultur und liebt Herausforderungen. Was er und sein Team geschaffen haben, gleicht einem Wunder, denn sie haben nicht nur die Bauten von La Cervara restauriert, sondern ein Gesamtkunstwerk geschaffen, bei dem Alt und Neu glücklich verzahnt sind. Die anfänglichen Bedenken der Behörden, es würde sich hier um ein spekulatives Bauvorhaben, eine Veräußerung der Bauten und des Grundstücks handeln, wurde durch die exemplarische Vorgangsweise, den Respekt für die Bausubstanz und die Geschichte widerlegt.

Die Architektin Mide Osculati ist der gute Geist an Signore Mapellis Seite. Von Anfang an dabei, sorgt sie für Kontinuität und es ist ihrer Vision zu verdanken, dass die Anlage in ihrer Gesamtheit wirkt. Mide Osculati ist weitsichtig, fähig, das Gesamtbild ebenso wie die Details zu sehen, und so wurde unter ihrer Obhut der Baukomplex Stück für Stück saniert, renoviert und dann ganz nach Wunsch von Signore Mapelli mit Leben gefüllt. Experten wurden herangezogen, um die Fresken zu restaurieren und die Bausubstanz zu prüfen. Im Gegensatz zu vielen Architekten betrachtet die begabte Gestalterin den Außenraum als einen wichtigen Teil der Gesamtgestaltung. Diese umfassende Gestaltung aus einer Hand ist es, die La Cervara von anderen historischen Bauprojekten absetzt.

Der Kosename Cervara ist eine Ableitung von Sylvan und bezieht sich auf die Bewaldung, die sich hinter der Abtei aufbaut. Im 15. Jahrhundert gab es keine Küstenstraße, nur einen Pfad auf halber Höhe entlang dem Hang nach Portofino und weiter über den Berg, der zu der abgelegenen, kleineren Abtei San Fruttuoso führte. Der Schiffsweg war oft sicherer und schneller. So verfügte die Abtei früher über eine kleine Werft und eine Anlegestelle. Pilger und Reisende wurden außerhalb der Mauern versorgt, Gäste jedoch im länglichen seitlichen Wohntrakt empfangen. Gemüse wurde angebaut, Süßwasserfische wurden im Teich gehalten und Olivenhaine gepflegt. Die Anlage mag auf 8000 Quadratmeter geschrumpft, die Hänge verkauft, der Streifen zum Meer an die Gemeinde überschrieben sein, aber der Kernbereich und vor allem die Kulisse sind immer noch vorhanden.

Zweimal im Monat, am ersten und dritten Sonntag, öffnet La Cervara[4] ihre Türen. Voranmeldung ist erwünscht, die Besuchergruppe auf 30 Personen beschränkt. Weil sich La Cervara absichtlich bescheiden hält, ist die Überraschung groß, wenn man über einen kleinen gepflasterten Innenhof in den Kreuzgang kommt. Hier begegnet man erstmals dem Cervara-Stil, schlicht, elegant, aber mit Pfiff. Die neuen Eingriffe sind subtil und dienen lediglich dazu, das Alte zu unterstreichen.

Der rechteckige Hof wurde durch einen terrakottafarbenen schmalen Ziegelweg halbiert, die Rasenbeete sind mit einem

[4] www.cervara.it/en/
Adresse: Abbazia della Cervara, Lungomare Rossetti, Via Cervara 10, 16038 Santa Margherita Ligure (GE), Italia

Band hohen dunkelgrünen Ziergrases gesäumt, weiße Blumen umstellen den mittigen Brunnen. Eine Anspielung auf die traditionelle Formgebung wie vieles hier. Der Brunnen ist, wie man es erwarten würde, rund, stimmig in den Proportionen, gleicht aber einem einfachen Mühlenstein, über den das Wasser fließt. Sparsam verteilte Töpfe, gefüllt mit weißen Geranien schmücken die Bögen der umlaufenden, offenen Gänge im Erdgeschoss, während scharlachrote Blumen sich vom ersten Stock herab drapieren. Gegen diesen weiß-grün-roten Hintergrund fällt die Farbgebung der Säulen auf. Abwechselnd weiße und graue Farbbänder verzieren die Säulen, ein verbreitetes Muster, das in der Umgebung vorkommt und hier die Bögen sowie die Säulen der Kirche ziert und auch im Garten zu sehen ist. Die Hausfarben von Hellgrau bis Anthrazit am Boden, Weiß und Erdbraun an den Wänden, abgesetzt durch Farbkleckse, wiederholen sich innen wie außen.

Die Anordnung der Bauten ist zunächst unklar, erst wenn man sich umsieht, wird deutlich, dass es sich hier um einen Grundriss handelt, den man an vielen Klosteranlagen vorfindet: der Kreuzgang parallel zur Kirche, der Wohntrakt im rechten Winkel dazu, nur hier in La Cervara mit dem Bonus eines Turms aus dem 16. Jahrhundert in der östlichen Ecke des Hofes zum Hang hin. Ein Kran überragt alles. 1991 per Hubschrauber eingeflogen, ist er eine mahnende Erinnerung daran, dass die Renovierungsarbeiten noch nicht abgeschlossen sind. Signore Mapelli kommt selten in den Genuss der Anlage, denn wenn er vor Ort weilt, ist er mit der Arbeit beschäftigt. Inzwischen ist Chiara, seine Tochter, auch mit im Team, zuständig für den alltäglichen Ablauf. Bei 4000 Quadratmetern Nutzfläche auf 8000 Quadratmetern Grund keine leichte Aufgabe, noch dazu wenn der Vater einem immer über die Schulter schaut.

Gründlichkeit und Respekt für die historische Bausubstanz des Denkmals sind oberstes Gebot. Was La Cervara jedoch auszeichnet, ist die Wechselwirkung zwischen innen und außen und wie zeitgenössische Möbel und Gebrauchsgegenstände eine Verbindung zur Gegenwart schaffen, etwa die moderne tomatenrote Bestuhlung samt zugehörigem Tisch im Kreuzgang. Vorerst ist unklar, wo sich der Garten befindet. Die Überraschung ist daher umso größer, wenn man nach dem Besuch der Kirche (sehenswert, sachlich restauriert), der Nebenräume (bestückt mit Möbeln, als würden sie direkt von der Möbelmesse in Mailand kommen) und des Treppenhauses des Wohntrakts (neu, aber historisierend) plötzlich in den Garten gelangt. Wie im Innenraum sind auch hier die Bodenplatten in schwarz-weißem Muster verlegt, mit kleinen weißen Marmorrauten, die sich über die Fläche ziehen. Aber es ist der Blick von der Terrasse auf das Parterre mit dem Meer im Hintergrund, der alle fesselt.

Der erste Eindruck ist der eines traditionellen Parterres. Sieht man aber genauer hin, so fallen die kleinen Details auf, die der Anlage einen besonderen Pfiff verleihen. Als wären die Säulen des Kreuzgangs in den Garten verpflanzt, führt eine Pergola auf der linken Seite nicht gerade, sondern in der Diagonale zur Brüstung hin. Rechts ebenfalls zur Brüstung hin, befindet sich ein Kiesplatz mit zierlichen Metalltischen und Stühlen und beschattet von einer Kiefer. Das Parterre selbst ist eine Hommage an die Renaissance, aber nicht, wie man es erwarten würde, symmetrisch, sondern in Trapezform, bestückt mit Buchs in Kugel- und Spiralformen, die sich um einen Brunnen gruppieren. Gut

60 Zentimeter hohe Buchsbaumhecken, angelegt in Rechtecken und Rauten, ziehen Mustern über die Rasenfläche. Durch diese geschickte Gestaltung wird die Proportion verzerrt, die Terrasse wirkt größer, und das Meer rückt näher.

Der Einfluss der Renaissance setzt sich auch im Bodenbelag fort. Eiergroßer schwarzer Basalt- und heller Kalkstein-Steckkiesel, sorgfältig in Mustern verlegt, liegen wie ein Teppichläufer unter der Pergola und nehmen die Pflasterung im Eingangsbereich auf. Die gärtnerische Note ergibt sich jedoch durch die Zierpflanzen. Dass Armando, der Gärtner, mit Freude arbeitet, erkennt man an den Details, den Beetpflanzen entlang der Mauer, den Tulpen und den Pflanztrögen, gefüllt mit Blumen. Pinkfarbene Rosen sowie blauer Plumbago ranken sich an den Säulen hinauf und entlang den Metallstreben. Lavendel und Agapanthus flankieren die Außenseite des Parterres ebenso wie einzelne Hochstamm-Orangenbäume, Kiefern stehen wie Wächter an den äußeren Eckpunkten der Terrasse, Bougainvillea, Kletter-Rosen und mehr heften sich an die Terrassenmauern.

Das Parterre ist so beeindruckend, dass man fast die Glyzinen-Laube übersieht, nicht jedoch im April wenn der Duft schon von den hintersten Ecken des Gartens lockt. Die Farbe ist überwältigend, am schönsten und romantischsten ist sie, wenn die Blüte gerade am Aufgehen sind, ein Hauch Lila und Blau, zarte Pastelltöne, die gegen die cremegelben Wände und den hellen Kieselsteinboden jungfräulich wirken. Im Sommer bilden die dichtbelaubten, beindicken Äste eine Kuppel und einen schattigen Gartenraum gegen die Hitze.

Die volle Wirkung der geschickten Gestaltung wird im ersten Stock des Hauses deutlich, der Belle Etage. Die Draufsicht auf die Terrasse hat die Qualität einer Vedute. Das Meisterstück ist jedoch die Wandmalerei. Am Ende des Ganges, in einem Bereich, der als Wohnraum dient, wurden die Wände in Sepiatönen bemalt. Mit einem strengen, modernen, anthrazitfarbenen Designer-Sofa davor wird die Verbindung zwischen dem Alten und dem Neuen, dem Haus und dem Garten geschaffen. Auch die Schlafzimmer weisen kleine Details aus dem Garten auf, etwa die hellblauen Umrisse der Kiefern in einem der Turmzimmer. Jede Gefahr von Kitsch wird durch die geschmackvollen Möbel und die nuancierte Farbpalette vermieden. Dies ist die Handschrift von La Cervara.

Gerade angesichts der Baudichte spielen alle Freiflächen eine enorm wichtige Rolle. Mide Osculati ist es gelungen, Privatflächen zu schaffen. Während vorne, zum Meer hin, der große Schauplatz ist, befinden sich intime Bereiche auf der oberen Terrasse. Direkt an der Rückseite des Wohntrakts wurde ein kleiner Kräutergarten angelegt, ganz im Einklang mit dem Nutzgarten einer Abtei. Thymian, Rosmarin, Lorbeer, Fenchel und Zitronenbäume in Terrakottatöpfen haben alle Platz in den schmalen buchsumfassten Beeten. Im Anschluss daran, über einen dachlosen Freilichtsaal erreichbar, liegt eine ruhige Rasenfläche, gesäumt von Blumenbeeten in Anlehnung an englische Prachtrabatten. Dieses Areal geht nahtlos in den Wald über und verlängert den Garten. Darüber, auf der oberen Terrasse, sind die Arbeiten noch nicht vollendet. Geplant ist, einen Swimmingpool zu bauen, just dort wo der alte Fischteich war.

Das Beste kommt wie immer zum Schluss und ist nicht Teil der allgemeinen Besichtigung. Erreichbar entlang einer von Bougainvillea bewachsenen Rampe zur untersten Ebene des Gartens hin, abseits vom Haus, liegt das Gefängnis von Franz I. von Frankreich, das Mide Osculati in eine paradiesische Bleibe verwandelt hat. Frühere Besitzer hatten eine Voliere im Anschluss an das Felsenzimmer gebaut, das jetzt als Art eine Gartenzimmer ausgebaut ist. Der Aha-Effekt, wenn die Rollläden aufgehen und sich der Blick nach Süden über das Meer und nach Westen nach Portofino entfaltet, ist einmalig.

Die Suite hat ihre eigene Grotte; für mich persönlich wären das konstante Plätschern des Wassers und die roten LED-Bodenleuchten eine Nummer zu viel, aber jedem das seine. Dafür ist die untere kleine Bastion im Schatten der Kiefer mit dem zierlichen Tisch und der Bestuhlung mein Platz. Sogar die ballgroßen modernen Bodenleuchten haben hier eine Berechtigung und fügen sich gut ein. Hier, in dieser abgeschiedenen Ecke, lebt der Geist von Cervara. Ein Grund, sich freiwillig einsperren zu lassen, gar hier zu heiraten und zu feiern, denn nur so kommt man in den dauerhaften Genuss dieses Paradieses.

Maurische Einflüsse

Eine Fahrt ins Blaue:
Mit dem Uhrmacher durch Nordmarokko

Tief in Gedanken versunken, wie es wohl auf der Südseite des Rif-Gebirges aussieht, blickte ich über die Reling auf das Wasser. Just in dem Augenblick schwamm eine Schildkröte eifrig paddelnd am Schiff vorbei, als ob sie die größtmögliche Entfernung zwischen sich und den Atlantischen Ozean setzen wollte. Magische Momente wie diese sind unbezahlbar und gehören zu den Highlights einer Schiffsreise ebenso wie die Straße von Gibraltar bei guter Sicht zu passieren. Zwei Kontinente gleichzeitig zu sehen, Afrika an Backbord, links, Europa an Steuerbord, rechts, das ist unvergesslich: Die Silhouette des mächtigen Rif-Gebirges Marokkos in Kontrast zu dem etwas niedrigeren Hochland Andalusiens in Spanien mit dem hochragenden Felsen von Gibraltar ist ein beeindruckendes Panorama.

Jedes Mal wenn ich diese Strecke mit der MS »Deutschland« oder dem Windjammer »Sea Cloud II« fuhr, lockte mich dieser Blick an Deck und weckte meine Neugier, auch wenn man nachts nur Lichter sah. Als im April 2014 Ceuta, die spanische Enklave an der nordafrikanischen Mittelmeerküste fast gegenüber von Gibraltar, auf dem Programm stand, gab es endlich die Chance, das Rif-Gebirge und einen Teil von Marokko, der bis vor nicht allzu langer Zeit von der Außenwelt abgeschlossen war, aus der Nähe zu sehen.

Der Norden von Marokko, Teil des Maghreb, mag nicht die Anziehungskraft der Königsstädte[1] ausüben, aber auch diese Region ist reich an Geschichte. Zwischen dem 8. und 15. Jahrhundert fand ein reger Handel und Kulturaustausch zwischen der maurischen Bevölkerung von Andalusien auf der Iberischen Halbinsel und den Bewohnern dieses Teils von Marokko statt. Als 1492 die Mauren aus Granada, ihrem letzten Stützpunkt in Andalusien, vertrieben wurden, suchten sie Zuflucht in Marokko und ließen sich in den Städten Tétouan wie auch in dem erst 1474 gegründeten Chefchaouen nieder. Neugierig, wie wohl diese Städte aussehen, beabsichtigen wir, einen Abschnitt der »Route der Karawane« zu befahren, eine 100 Kilometer lange Strecke nach Süden, von Ceuta bis zu den Tälern des Rif-Gebirges.

Wir waren um 8.00 Uhr startbereit und warteten. Unser marokkanischer Guide und der Fahrer wurden aufgehalten, es gab Probleme an der spanischen Grenze bei Ceuta, denn es sei Stoßzeit. Es war völlig unklar, was das bedeuten sollte. Wir waren beunruhigt, es würde hier an der Grenze zu Marokko so zugehen wie in Melilla[2], wo den Nachrichten nach halb Afrika darauf wartet, Einlass in die EU zu bekommen, die Befürchtungen wuchsen. Knapp dreißig Minuten später waren wir an der Grenze und konnten uns selbst ein Bild machen.

---

[1] Fès, Meknès, Marrakesch und Rabat
[2] Wie Ceuta auch eine autonome Region Spaniens an der Mittelmeerküste Nordafrikas.

Der Grenzübergang ist potthässlich; Gefängnisarchitektur trifft Tankstellenvorplatz, Asphalt noch und noch, Fahrspuren eingefasst durch Bordsteine aus Beton, cremefarbene hohe Sicherheitszäune und Stacheldraht, alles von einer anonymen Kargheit geprägt. Mohamed, unser Guide, hatte unsere Reisepässe eingesammelt und sie wie bei einer Zauberschau in einem purpurfarbenen Samtbeutel verstaut, die Kordel zugezogen und gebunden. So wurden sie dem marokkanischen Grenzbeamten überreicht. Ob wir sie je wiedersehen würden? Eigentlich machten wir uns mehr Sorgen darüber, was sich hinter der Grenze auf marokkanischer Seite abspielen würde. Aber dort war alles friedlich, keine langen Schlangen, nur Männer und Frauen mit übergroßen leeren Plastiktaschen, die geduldig darauf warteten, Einlass nach Spanien zu bekommen, um zum Einkaufen zu gehen.

Die Straße nach Tétouan war auch für einen Samstag erstaunlich ruhig. Ich sah auf Mohameds Uhr. Sie war sehr schön, aus Gold, groß und zeigte auf 8.00 Uhr. Wie konnte das sein? Ich hatte den Zeitunterschied übersehen. Ceuta ist in Nordafrika, aber dort ticken die Uhren nach europäischer Zeit, in Marokko hingegen nach Greenwich Mean Time, eine Stunde zurück. Es war kein Wunder, dass Mohameds Augen rot unterlaufen waren, er war unseretwegen um 4.00 Uhr aufgestanden.

Sachlich und informativ teilte Mohamed uns die wichtigsten Informationen über sein Land mit. Wie alle Guides, denen ich bisher in Marokko begegnet bin, sprach auch er hervorragendes Deutsch, und das, wie er selbst sagte, dank des Goethe-Instituts. Das Angenehmste an ihm jedoch war, dass er immer wieder eine Pause einlegte und uns die Landschaft in Ruhe genießen ließ. Nach Tétouan stieg die Straße an, wir verließen die Ebene und fuhren in ein V-förmiges Tal von großartiger Dimension. Spätestens bei diesem Anblick wurde deutlich: Wir befanden uns auf einem anderen Kontinent. Bis zu diesem Zeitpunkt war Afrika ein abstraktes Konzept, ein Land, das man nur vom Fernsehen kennt. Alles ist breiter und höher im Tal des Hajera-Flusses, die Berge wie der Jbel Kelti mit 1928 Höhenmetern über dem Meeresspiegel sind massiv und beeindruckend, der Bergrücken lang und gezackt, die oberen Hänge fast senkrecht und kahl. Bestechend ist das grüne Tal, eine Kulturlandschaft voll von Olivenbäumen, grünen Kugeln wie Bouclé, die sich vom Talboden die Hänge hinaufziehen, und saftig grünen Wiesen sowie Feldern mit frischem Austrieb von Getreide. Es ist eine fruchtbare, friedliche Landschaft mit weißen Bauernhäusern und spärlich verteilten kleinen Siedlungen.

Das Erstaunlichste an dem Landschaftsbild sind die Forste, die sich auf den mittleren Hängen beidseits des Tales bis zur Baumgrenze ausbreiten; so hatte ich mir Marokko nie vorgestellt. Der Bus stieg immer höher und plötzlich, auf unserer linken Seite am Südhang, sahen wir eng an eng stehende weiße Häuser, die Flachdächer wie Terrassen, die sich den Hang hinauf stapelten. Es war Chefchaouen[3]. Auf 564 Höhenmetern gelegen, wurde Chaouen, wie sie oft genannt wird, als Festung gegen die Spanier und die Portugiesen gebaut, die nach Jahrhunderten maurischer Herrschaft über die Iberische Halbinsel nunmehr im Gegenangriff Nordafrika im Visier hatten. Hier, im Schutz des 2050 Meter hohen Jbel Tisouka, suchten die Mauren Zuflucht. Christen wurde der Zutritt untersagt und so entstand das

---

[3] www.muchmorocco.com/locations/chefchaouen/

Gerücht, Chefchaouen wäre eine verbotene Stadt. Erst 1926 gelang es den Spaniern mit Unterstützung der Franzosen, die Stadt zu erobern, und die Tore der verschlossenen Stadt wurden geöffnet.

Als wir auf dem gepflasterten Platz vor dem Stadttor standen, hatten wir das Gefühl, als wären wir die ersten Ausländer, die diese historische Stadt betreten durften, denn sie war menschenleer. Die Läden waren verriegelt, die Straßen und Wege jedoch frisch gefegt, es war ein sonderbares Gefühl. Dank unserem frühen Start hatten wir die Stadt für uns. Blau strahlt von jedem Haus, nicht etwa eine einheitliche Farbe, sondern abgestuft in allen Schattierungen von Himmelblau, mit einem Schuss Türkis an manchen Türen und Fensterrahmen. Die Abstufung des Blaus unten am Sockel mit einem mannshohen Band Kornblumenblau übergehend in helles Himmelblau wiederholt sich in leicht abgewandelter Form durch die ganze Stadt. Mal ist das Blau kräftiger, mal verwaschen fast Blasslila und ab dem ersten Stock in Weiß übergehend. Spannend sind nicht nur die Farben, sondern ihre Kombination mit der organischen Bauweise der Reihenhäuser. Die Wände sind glatt und geschmeidig wie eine Haut, die Hausecken gerundet, als seien sie per Hand modelliert. So scheinen Stufen aus dem Gebäude zu wachsen, Treppen fügen sich zwischen den Häusern ein, selbstverständlich in Blau getüncht.

Mohamed spazierte mit uns durch die engen Straßen zwischen den zwei- bis dreistöckigen Bauten; mal stieg der gepflasterte Weg an, mal ging es abwärts. Alle Wege scheinen auf den Hauptplatz der Uta-Al-Hamman zu führen. Ältere Herren saßen in den Cafés oder unter den streng zugeschnittenen Maulbeerbäumen am Rande des mit dunklen Natursteinplatten und Kieselsteinen gepflasterten Platzes. Eine sich in die Höhe streckende Andentanne *(Araucaria heterophylla)* mit waagerechten Ästen mitten am Platz zog zunächst alle Blicke auf sich, bis man die ockerbraunfarbige Kasbah seitlich davon bemerkte. Von locker wachsenden Bäumen flankiert und einer Säulenzypresse über die Zinnen ragend, sieht das Bauwerk nicht so bedrohlich aus wie es sicherlich einst war.

Es war geplant, den dortigen andalusischen Garten anzuschauen, aber irgendwie reizte uns alle die Innenstadt mehr. Mohamed machte den Vorschlag, die Medina, ein Netzwerk von Gassen, noch weiter zu erkunden bis zum Bab al-Ansar, dem Tor bei den Ras el-Maa Quellen auf der nordöstlichen Seite der Stadt; dort gäbe es ein Café mit Blick auf den grünen Seitenteil. Vorher wollte er uns jedoch ein Hotel zeigen. Wir wunderten uns, was das sollte, bis sich herausstellte, dass das Hotel Barcelone[4] einem Bekannten von ihm gehörte.

Das Hotel ist in einem Riad[5] untergebracht, mit mittigem, quadratischem Innenhof und umlaufenden Galerien, von der aus die Zimmer abgehen. Der Besitzer hatte nichts dagegen, dass wir herumschauten und die Toiletten benutzten, vielleicht wollte irgendjemand wieder nach Chefchaouen kommen, dann könnte man hier wohnen. Wir waren neugierig und wollten sehen, wie der Innenhof von oben aussieht. Wie wenn man auf eine riesige sternförmige Blüte blickt, strahlen gelbe und grüne Fliesen wie Blütenblätter aus einer mittigen, beigefarbenen

---

4 Hotel Barcelone, bd Targhi, q. Andalouss n°14, Chefchaouen
5 Riad, ein traditionelles marokkanisches Stadthaus mit Innenhof

Marmorbrunnenschale heraus. Abgesetzt durch cremefarbene Fliesen wirkt das Ganze elegant und beruhigend, ähnlich wie die Innenhöfe, die wir aus Städten in Andalusien, wie etwa Sevilla, kannten. Hier wie dort ist die Handschrift der Mauren in der Architektur zu sehen: die Formensprache des Patios, des Innenhofs, die Hufeisen-Umrahmung der Türen wie auch die schlanken Säulen der umlaufenden Balkone.

Ganz allmählich erwachte die Stadt. Die Läden der kleinen Geschäfte, manche kaum breiter als die Doppeltür, wurden geöffnet. Ein Bäcker schichtete seine Ware in das schmalste Schaufenster, das ich je gesehen habe. Ein Drechsler war bei der Arbeit, Koch- und Schöpflöffel hingen zusammengebündelt von den Regalen, Holzschalen waren aufgestapelt, Sägespäne lagen am Boden; dies war Werkstatt und Laden zugleich, ganz wie in früheren Zeiten. Beim Teppichweber war es ähnlich, herstellen und verkaufen an einem Ort. Der Webstuhl füllte die ganze Breite des Raums aus, fertige Stoffbahnen waren teils gestapelt, teils hängend an der Wand, ihre Farben bunt, leuchtend und verführerisch.

Blau begleitete uns überall durch die Stadt, kein Haus, keine Gasse ohne diesen Farbton, nicht einmal die Stützmauern. Ein Teil der Medina, im Wohnviertel abseits der Läden, ist besonders beeindruckend. Die Häuser haben sich gelichtet, der seitliche Hang ist steiler und die Bauten müssen sich anpassen. Vor einem höher liegenden Hauseingang, selbstverständlich in Blau gestrichen, hat man ein Hochbeet um einen Feigenbaum angelegt und dazu Jasmin gepflanzt, dessen weiße Blüten wie Sterne gegen die tief himmelblaue Hauswand leuchten. Wenige Meter weiter, am nächsten Treppenaufgang, wächst ein alter imposanter Olivenbaum, umgeben von einer rundlichen Mauer, die wie bei einem Hochzeitskuchen auf einen größeren gerundeten Ring gestellt ist. Es sieht so aus, als würde der dicht belaubte Baum auf einem Thron wachsen. Die skulpturale Qualität dieser blaugrünen Inszenierung ist verblüffend und eines modernistischen Stadtgartens würdig.

Wir hatten das Stadttor Bab al-Ansar erreicht und sahen auf einen grünen Hang gegenüber. Bäume wuchsen in der Klamm, tief unter uns schoss der Ras le-Maa Wasserfall aus dem Berg. Dort wird immer noch Wäsche gewaschen und auf dem Brückengeländer drapiert. Während wir die Aussicht von der Terrasse des Cafés bewunderten und unseren Pfefferminz-Tee tranken, zog Mohamed eine Lupe hervor und fing an, die Uhren an den Armen der Gruppe zu begutachten. Er war Uhrmacher von Beruf und erzählte uns von seiner Sammlung. Beachtlich. Seinen grünen Djellaba, Pflicht-Uniform für Guides, hatte er längst ausgezogen und lässig über seine Schultern drapiert, er hatte sich der lockeren Stimmung angepasst. Spazieren gehen, sich Zeit nehmen gefiel ihm, so würde man das Flair des Ortes viel besser spüren als wenn nur eine Sehenswürdigkeit nach der anderen abgehakt würde.

Beim Mittagessen im Restaurant Tissemial, allgemein als Casa Hassan[6] bekannt, hatten wir die besten Plätze des Hauses im Salon im ersten Stock eingenommen, mit Blick aus dem Fenster einerseits und zum anderen in den Raum auf die Band, die mit Begeisterung spielte. Was anfangs herrlich war, wurde

---

[6] www.casahassan.com
Adresse: Casa Hassan 22 rue Targui, Chefchaouen, Morocco

zur Tortur, die Trommeln vibrierten, unsere Herzen auch. Die Musiker, fast alle mit Zahnlücken, grinsten und steigerten sich in ihren musikalischen Darbietungen. Als wir unseren Platz eingenommen hatten, bemerkte ich eine andere Gruppe vom Schiff, sie arbeitete sich tapfer durch die Berge von Couscous auf ihren Tellern. Die Musik war offenbar auch Teil ihres marokkanischen Erlebnisses, und so konnte ich schlecht die Musiker bremsen. Ich habe oft das Gefühl, wir werden von Engeln beschützt, und so war es auch heute; die andere Gruppe war in Windeseile mit ihrem Essen fertig und verließ das Restaurant. Schnell ergriff ich die Chance, ging zur Band, machte ihnen Komplimente, sie seien *formidable* und hätten eine Pause verdient, sie könnten sich gerne Zeit lassen. Und zum guten Schluss übereichte ich ihnen ein Trinkgeld. Wie gut, dass man französisch spricht in Marokko und nicht abgeneigt ist, auf Frauen zu hören.

Es war herrlich, was für eine Erleichterung. Wir konnten unser Hühnchen-Tajine[7], einen Eintopf, angereichert mit viel Gemüse, genießen, ebenso wie unsere Umgebung. Allmählich kamen Fragen auf: was ist im Tajine und warum ist die Stadt blau; um Fliegen abzuhalten, auf Grund von Religion, um den Himmel näher zu bringen? Man spekulierte darüber, was die Gründe seien, aber niemand hatte eine einleuchtende Antwort. In Rabat, in der Kasbah der Oudayas, sind die Bauten auch blau gestrichen, nicht so flächendeckend wie in Chefchaouen, aber mit ähnlicher optischen Wirkung; dort hatten sich auch die

---

[7] Tajine, marokkanisches Gericht, benannt nach dem konischen keramischen Gefäß, in dem Gemüse und Fleisch unter Beigabe einer Gewürzmischung aus 35 Bestandteilen, dem Ras al-Hanout, zusammen garen.

Flüchtlinge aus Andalusien niedergelassen. Eines steht fest: egal wem es zu verdanken war, die Farbe ist grandios. Wäre das auch etwas für Zuhause? Wir könnten es hier gleich kaufen, schließlich sind wir an einem Haushaltswarengeschäft vorbeigegangen, mit Beuteln von Pigment, wie gefärbtes Mehl in offenen Säcken vor der Tür aufgereiht. Es stellte sich nur die Frage: Würden wir in dem Labyrinth von Straßen den Laden wiederfinden?

Doch die Vernunft setzte sich durch, und wir machten uns auf den Weg zum Bus. Wir hatten davon gesprochen, einen Halt in Tétouan zu machen, um die dortige Medina zu besichtigen, eine der ursprünglichsten ganz Marokkos. Auch hier gibt es Spuren der Mauren, in der Architektur und der Anordnung der Medina. Wie Mohamed uns durch das enge Straßengewirr lotste, war bewundernswert.

Während Blau in Chefchaouen vorherrscht, prägen hier Braun und Beige die engen Räume und Gassen. Es hing auch ein undefinierbarer, aber nicht unangenehmer Geruch in der Luft. Einkaufen stand zwar nicht auf dem Programm, aber eines wollten wir unbedingt: die Gewürzmischung Ras al-Hanout, die entscheidende Zutat eines Tajine. Die Zusammensetzung wird streng geheim gehalten; Zimt, Ingwer, Pfeffer, Koriander, Muskat und Safran sind dabei, ebenso Rosenblüten und Knospen und sogar Lavendel und vieles mehr. Für mich erzeugt allein der Duft in mir ein Bild der Landschaft und der Gärten Marokkos. Natürlich wusste Mohamed, wo wir dieses und andere Gewürze erwerben konnten, um Marokko wenigstens zu Hause in der Küche nachzuempfinden.

Voll mit Eindrücken, waren wir froh, im Bus zu sitzen, nur war es nicht der unsrige, sondern der der anderen Gruppe.

Unser Reisebus hatte eine Panne, die Busfahrer haben das Problem unter sich gelöst, und wir fuhren mit zwei Guides zurück nach Ceuta, denn anscheinend war die Rückgabe der Pässe an den Guide gekoppelt. Das Samtsäckchen in der Hand, verteilte Mohamed unsere Pässe und erinnerte uns an die Zeit. Wir waren wieder auf spanischem Grund und dort war es eine Stunde später, deshalb hatte Mohamed stets zwei Uhren dabei. Aber es war nicht nur die Zeit, die hier anders war, es war auch wie eine andere Welt. An einem Tag hatten wir einen Fuß im Okzident und einen im Orient, und endlich hatte ich die Antwort darauf, was sich in den Rif-Gebirgen versteckt.

Garten, Kunst und Mode vereint:
Der Jardin Majorelle in Marrakesch

Nach der 245 Kilometer langen Reise von Casablanca nach Marrakesch erschien uns die blau-gelb-grüne Welt des Gartens Majorelle[1] wie der Besuch im Paradies. Noch dazu waren wir an diesem Morgen fast alleine dort, der frühe Start hatte sich gelohnt.

Marokko hat mich schon als Kind fasziniert. Meine Mutter hatte, anstatt uns Kinderbücher vorzulesen, immer den Atlas hervorgeholt. Vom Küchentisch in Manchester aus haben wir so die Welt entdeckt und sind immer wieder in diesen im Nordwesten des Kontinents liegenden Teil von Afrika gleichsam gereist. Souks, Kasbahs und Karawanen waren mir schon früh ein Begriff, mit dem dortigen Leben, den Farben und der Landschaft verband ich viele Bilder. Warum meine Mutter so fasziniert von diesem Land war, werde ich nie wissen, ebenso nicht, warum sie Sitar spielen konnte. Als ich die Route der Gartenkreuzfahrt sah und feststellte, dass das Schiff über Nacht vor Casablanca liegen würde, stand für mich sofort fest, dass die Gartengruppe einen

[1] www.jardinmajorelle.com/ang/
Adresse: Jardin Majorelle, Rue Yves Saint Laurent, Marrakesch, Morocco

111

Ausflug nach Marrakesch unternehmen und die Stadt sowie den bedeutendsten Garten Nordafrikas, Majorelle, besuchen und erleben würde.

Die Busfahrt war, entgegen allen Befürchtungen, alles andere als langweilig. Sie war wie eine Reise in die Vergangenheit, eine Reise durch das Herz von Marokko und bot Einblicke in eine Welt, die für uns doch ziemlich fremd war. Die weitläufigen Felder und die tiefbraune, fruchtbare Erde entlang unserem ersten Reiseabschnitt südlich von Casablanca und um das Plateau de Settat herum hätte überraschender nicht sein können. Hier wachsen das Obst und das Gemüse, die aus Marokko kommen und in den europäischen Supermärkten angeboten werden. Je weiter wir uns von der Hafenstadt und der Küste entfernten, desto kleiner wurden die Felder und desto röter wurde der Boden. Gebäude fanden sich nur sparsam verstreut: kleine Siedlungen, einstöckige Ziegelbauten, farbgleich mit der Landschaft. Würden nicht die aufragenden Strommasten und einzelne Minarette deutlicher in Escheinung treten, so würde man die Dörfer überhaupt nicht wahrnehmen.

Eindrucksvoll war das Gefühl der Verlorenheit, das über der Landschaft zu liegen schien; Menschen waren selten zu sehen, hier ein Kind mit einem Ball, dort eine kauernde Frau zwischen zwei Gebäuden, Hunde und Esel schienen in der Mehrzahl zu sein. Männer waren lediglich als Silhouetten erkennbar; die markanten Zipfelkapuzen ihrer Djellaba, der landestypischen Kleidung, waren von Weitem zu sehen, während sie mit ihren Karren durch die Gegend fuhren. Andere bestellten ihre Felder, mit Pflug und Ochsen verwandelten sie den Boden zu geraden breiten Reihen, sodass die Landschaft wie ein Patchwork aus

Manchesterstoff aussah. »Lebende« Zäune aus Feigenkakteen, besser als jeder Elektrozaun, friedeten das Vieh ein in kleinen Parzellen, mal am Dorfrand, mal mitten im Nirgendwo. Bäume sind rar in dieser sepiafarbenen Landschaft, wo zahlreiche Esel, aber nur wenige Autos zu sehen waren.

Kaum hat man sich an diese Szenerie gewöhnt und gelernt, sie zu entziffern, geht die Landschaft in weitläufige Obsthaine über. Reihe um Reihe sind junge Obstbäume beidseits der Autobahn gepflanzt: ein neues Projekt, um die Landwirtschaft weiter zu entwickeln und die Obstproduktion zu erhöhen. Der Übergang zur grauen Geröllfeld-Landschaft ist eine weitere Zäsur, deutlich erkennbar, als hätte man eine Linie gezogen. Die geologischen Veränderungen sind interessant; zu schade, dass ich keine entsprechenden Karten dabei hatte.

In dieser monochromen Landschaft haben es Lebewesen schwer. Sie ist trocken, unfruchtbar und exponiert. Die Straße führt bergauf, Steine rechts und links schienen das einzige zu sein, was sich vermehrte. Und dann – eine Postkarte hätte es nicht schöner abbilden können – lag Marrakesch vor uns: Schnee auf dem Atlasgebirge, Palmen im Mittelfeld und eine gelb-braune Dunstglocke über der Silhouette der Stadt.

Nach der baumlosen Hochebene wirkten die lockeren Dattelpalmenhaine tatsächlich wie Oasen. Allerdings sind sie nur Restbestände der Plantagen, die Marrakesch früher umgaben. Wie jede andere Stadt ist auch Marrakesch immer größer geworden, sodass ein Hain nach dem anderen der Bebauung zum Opfer gefallen ist. Hat Jacques Majorelle[2], ein aus Frankreich stammen-

---

2 Jacques Majorelle (1883–1962), geboren in Nancy, Frankreich

der Künstler, diese Entwicklung bereits vorhergesehen, als er zu Beginn des 20. Jahrhunderts sein Gartengrundstück abseits der damals vorhandenen Besiedlung kaufte? Über die Jahre schuf er aus dem Dattelpalmenhain ein Gesamtkunstwerk, eine wahre Gartenoase: eine einzigartige Verschmelzung der Kernelemente des arabischen beziehungsweise persischen Gartens mit den Farben und der Formgebung der Moderne.

Wo früher weitläufige Gartengrundstücke lagen, befindet sich heute ein Wohnviertel mit kleinen Parzellen und mehrstöckigen Häusern. Der Garten Majorelle liegt in der Rue Yves Saint Laurent. Dem französischen Modeschöpfer und seinem Partner Pierre Bergé ist es nämlich zu verdanken, dass Majorelles Lebenswerk gerettet und restauriert wurde. Als Jacques Majorelle das Grundstück 1924 erwarb, verstand niemand, warum er mitten in den Dattelhainen und nicht wie alle anderen Künstler der Zeit, die nach Marokko übersiedelten, mitten in der historischen Stadt wohnte. Er hatte offensichtlich eine Vision und kaufte über die Jahre immer mehr Grund dazu. Eine Villa und auch ein Studio wurden errichtet, und zwischen den Dattelpalmen entstand der Garten.

Es wird behauptet, der Garten sei Majorelles größtes und bedeutendstes Kunstwerk, sein Lebenswerk. Und in der Tat, er ist ein Unikat, unverwechselbar auf seine Art, gleichrangig mit Monets Garten in Giverny. Was wir heute erleben ist jedoch nur ein Bruchteil des ursprünglichen Gartens. Als Majorelle sich 1946 von seiner Frau scheiden ließ, musste die weitläufige, vier Hektar große Gartenlandschaft geteilt werden. Marjorelle arbeitete weiter an seinem Areal, öffnete den Garten 1947 und freute sich über jeden Besucher. Ein schwerer Autounfall im Jahr 1962 bedeutete aber das Aus für den Garten sowie die Kunst Majorelles; der Künstler kehrte nach Frankreich zurück, und der Garten wurde seinem Schicksal überlassen.

In den Jahren, in denen der Garten schlummerte, wuchs die Stadt. Was früher Randlage war, entwickelte sich Anfang der 1980er zum gefragten Wohngebiet. Garten und Villa standen kurz vor dem Abriss, als Yves Saint Laurent und sein Partner Pierre Bergé, die das Anwesen bereits von ihrem ersten Besuch in Marrakesch im Jahr 1962 kannten, Jardin Majorelle kauften, restaurierten und somit ein bedeutendes Stück Gartenkunst retteten. Das Wohnhaus, die Villa Oasis, wurde zu ihrem Privatbereich und der größere angrenzende Garten samt Studio wie zu Zeiten Majorelles wieder für das Publikum geöffnet.

Den ersten Eindruck vom Garten bestimmen Farbe, Stille und luxuriöse Vegetation. Nach der monochromen Landschaft wirkt dies fast unwirklich. Üppiges Grün zu Kobaltblau, das spezifische leuchtende Blau, das fast nur in Nordafrika zu finden ist. Ein Schimmer von Rot zwischen dem Laub, das Formen annimmt, das fremd, aber dennoch vertraut ist. Vorerst mussten sich die Augen nach dem grellen Licht erst an den Schatten gewöhnen. Hier, gleich beim Eingang wird man mit dem Gartenvokabular des Landes vertraut gemacht. Ein niedriges rundes Becken, gesetzt in einem Achteck, eine Abwandlung eines typischen Brunnenbeckens, gefunden in persischen Gärten und Innenhöfen von Indien bis Andalusien, ist die Begrüßung. Die Luft war kühl und frisch, Vegetation ragt an allen Seiten in die Höhe und steht im Kontrast zu dem, was außerhalb der Mauern liegt. Dieser ruhige, besinnliche Auftakt war eine Chance, sein Gleichgewicht zu finden und sich zu orientieren. Ich hatte absichtlich keine Führung organisiert, wohl wissend, dass der restliche Tag voll mit Informationen sein würde und dass es besser wäre, hier im Garten freien Lauf zu haben.

Der glatte, rote betonierte Weg war gewöhnungsbedürftig, gar krass, wo er hinführt, war unklar; es handelt sich jedoch zweifelsohne um den Hauptweg. Er war die stille Führung durch den Garten. Von einem Bambuswäldchen ging es in Palmen über, vom Schatten in Halbschatten, vom tiefen dunklen Grün ins leuchtende frische Grün, bis alles sich öffnete und man plötzlich in einer Lichtung voller Kakteen stand. Jede einzelne Pflanze ist ein Kunstwerk für sich, in der Masse sind sie besonders beeindruckend: Säulen in unterschiedlichen Höhen und Formen, Kandelaber und Polster, mal grün-grau, mal strohfarben, mit haarigen Dornen oder regelrechten Nägeln. Dazwischen und im Vordergrund sprießen Schwerter von Agaven und Aloen, allesamt starke architektonische Formen, die sich gegen die länglichen, vergleichsweise zarten Wedeln der Palmen absetzen.

Inmitten dieser trockenen Landschaft und nur als blaue Striche erkennbar ist eine lange Rinne. Nicht eingesunken wie in traditionellen persischen Gärten, sondern als schmales Hochbeet ausgebildet, ein stilisierter Bach mitten durch die Trockenzone. Die Innenwände just oberhalb der Wasseroberfläche sind in Kadmium-Gelb ausgemalt und wiederum nur als feine Linie wahrnehmbar. Die Rinne führt auf einen blauen Pavillon zu; von dort aus wird der Blick ganz von selbst auf das Studio geleitet, das jetzt als Museum fungiert.

Das zweistöckige Bauwerk, einst Majorelles Studio, ist ebenfalls in Blau bemalt und wiederum mit einem feinen gelben Strich just unter dem Flachdach verziert. Es wird hier, wie im restlichen

Garten, mit geometrischen Formen gespielt: längliche Rechtecke zu Quadraten, dicke Balken zu schmalen Strichen, ähnlich einem Gemälde von Piet Mondrian, aber in drei Dimensionen. Was den Bau, entworfen 1931 von Paul Simoir, absetzt, ist der Bezug zur örtlichen Bausprache. Die feinen Säulen und hufeisenförmigen Bögen der Veranda wie auch die Fliesen innerhalb des Gebäudes stellen eine Hommage an die arabische Architektur dar.

Diese Fusion von lokaler Architektur und Kunst ist auch am Wohnhaus, der Villa Oasis, im Anschluss an den Garten erkennbar. Die Villa, nur ab und an durch die Vegetation zu erspäen, ist ein Meisterwerk der arabischen Moderne. Ziegelsteine, in Rautenmuster ausgemauert, und lange schmale Fenster sind subtile und stimmige Erinnerungen an die Architektur der Stadthäuser in der Altstadt von Marrakesch. Während das Studio leuchtet, tritt die Villa, in Erdtönen gehalten, in den Hintergrund.

Allmählich lernt man die Gestaltungssprache des Garten zu lesen. Gebaute Elemente sind farbig, Wasser und Pavillons blau, die Wege rot, die Pflanztöpfe in Rot, Gelb und Blau wie bunte Steinchen entlang den Wegen verteilt und auf niedrige Mauern gestellt. Alle Pflanzen sind Persönlichkeiten, von den Bananenstauden bis hin zum Fensterblatt *(Monstera deliciosa),* beliebt eine Zeit lang in nördlichen Regionen als Zimmerpflanzen, aber hier in beachtlichen Dimensionen und auch viel mehr beheimatet. Bestechend ist das Schattenspiel, vom blockartigen Schatten unter den Pergolen, die sich an zwei Seiten des Gartens erstrecken, zum fleckenhaften Schattenwurf der vielen Palmen, der schlanken Washingtonias, der markanten stahlblauen Bismarck-Palmen *(Bismarckia noblis)* und vieler anderer mehr. Sie stehen, wie alle Pflanzen, im auffällig sauberen und aufgeräumten Boden, der aussieht, als wäre er gerade frisch gekehrt worden; dadurch nimmt das Ganze die Qualität eines Zen-Gartens an, ab und an betont anstelle von Steinen von erhöhten Gießringen.

Dass Yves Saint Laurent einen Bezug zu diesem Garten fand und seine Einzigartigkeit schätzte, ist für alle, die seine Kleidungsstücke kennen, nicht überraschend. Die Verwandtschaft zwischen der Gestaltungsphilosophie Marjorelles und der von YSL ist nicht zu übersehen. Beide gehen auf das Wesentliche ein. Sie arbeiten mit Grundfarben, dynamischen Formen, klaren Konturen und aussagekräftigen Silhouetten. Die ausdrucksstarke, jedoch schlichte Gestaltungssprache des Gartens erinnerte mich an mein Lieblingskleid aus der Rive-Gauche-Kollektion des Frühlings/Sommers 1978/79. Ein schlichter Seiden-Dreiteiler mit stilisierten Jakobsmuschel-Motiven in Rot, Blau und Orange, auf schwarzem Hintergrund gedruckt, das Top über eine Schulter drapiert, die Teile vereint durch ein breites Stoffband um die Taille. Das nächstes Mal ziehe ich es zum Gartenbesuch an, selbstverständlich mit Leinenmantel darüber, für den Stadtbesuch. Was ich auf keinen Fall versäumen werde, ist einen Besuch im Yves Saint Laurent Museum[3], das im Oktober 2017 gegenüber vom Garten eröffnet wurde.

Zu Mittag waren wir im Herzen von Marrakesch bei einem anderen Modeschöpfer zu Besuch, Pierre Balmain, in dessen Stadthaus, das ihm früher gehörte und jetzt als Restaurant Dar Moha[4] geführt wird. Ursprünglich hatte ich vor, im La Mamounia[5] zu essen und den dortigen Garten zu besichtigen.

---

[3] www.museeyslmarrakech.com/en/
[4] www.darmoha.ma
Adresse: 81 Rue Dar el Bacha, Marrakesh 40000, Morocco

Man hatte mir auch ein Angebot geschickt, das fantastisch klang, aber es hätte unsere Zeit und den ganzen Etat der Reise verschluckt. Nicht dass ich dafür ein Budget gehabt hätte, aber das Edelhotel war eindeutig eine Nummer zu teuer. So hatte mir der Agent das Dar Moha als Ersatz angeboten, nachdem ich »nicht touristisch und kein Massenbetrieb« in unserer Korrespondenz mehrfach rot unterstrichen hatte. Das Restaurant war perfekt, das Essen, das Ambiente wie auch der Garten. Und das Beste: Es war ruhig, keine Begleitmusik, nur die Stille des kleinen Innenhofes mit mittigem Pool, umlaufender knallblauer Mauer, gegen die Bananenstauden wachsen. Die größte Attraktion war die Toilette. Untergebracht im Haupthaus, ist sie wie ein Saal aus arabischen Nächten; man hätte darin Feste feiern können. Der Weg dorthin durch das historische Gebäude und über den kleinen Innenhof mit cremefarbenem Marmorbrunnen ist wie der Zutritt zu einer anderen Welt.

Mit unserem Guide Nassar voran und dem zahnlosen Mohamed als Schlusslicht entdeckten wir anschließend die Altstadt. Es war Freitag, was dort unserem Sonntag entspricht, also perfekt, um durch die Kasbah zu wandern, stehen zu bleiben, zu gucken, zu staunen. Nassar hätte im Film auftreten können und benahm sich auch so, blickte umher, um die Bettler und Händler fernzuhalten. Groß und schlank, schritt er das Labyrinth von Gassen so selbstverständlich ab, als kenne er jede Kreuzung, jede Abzweigung, jede Abkürzung, und warnte, wenn wieder ein Abgas ausstoßendes Motorrad um die Ecke flitzte. Interessant

[5] www.mamounia.com
Adresse: La Momounia, Avenue Bab Jdid, Marrakesh 40040, Morocco

war, wie er nicht nur die Geschichte, sondern auch den Bezug zu heute vermittelte, wo welches Handwerk zu finden war, dass der Souk nach wie vor ein wichtiger Anlaufpunkt für die Umgebung sei und man dort richtige Berber antrifft – nicht wie die auf dem Jemaa el Fna, dem zentralen Platz, wo die Schlangenzauberer, Affenhändler und andere mehr die Touristen unterhalten und Geld für das Fotografieren verlangen. Als wir dort angekommen waren, füllte sich der Platz, die Schnellimbiss-Stände wurden aufgebaut, die Waren ausgerollt; Farben, Düfte und Geräusche erfüllten die Luft. Das Abendgeschäft stand bevor, unsere Füße und Augen waren müde, der Atem ging flach, die Luftverschmutzung wurde spürbar, sie drängte in die Nase hinein, war auf der Zunge zu schmecken. Es war Zeit zu gehen.

MITTEN IM ATLANTIK

Kamelien am See: Der geheime Garten
von José do Canto auf São Miguel

Von einer Herde Wale am Morgen begrüßt zu werden, war ein gutes Zeichen. Mein morgendliches Ritual zahlte sich aus: aus dem Bett raus, Bikini und Trainingsanzug anziehen, Käppi aufsetzen, Schlüssel nicht vergessen, den Gang lautlos entlang flitzen, die Treppe hoch und noch bevor die Sonne aufgeht raus an Deck. Schwimmen, abtrocknen und Runden drehen. Stets leise, denn direkt unter den Teakbohlen des Promenadendecks lagen die teuren Suiten. Trampeltiere und Jogger sind nicht erwünscht, wenigstens nicht um 5 Uhr morgens. Das Schiff und den Sonnenaufgang für sich zu haben ist der wahre Luxus von Schiffsreisen. Das Gefühl des Erwachens, die Welt vor sich zu haben und nicht genau zu wissen, was einen erwartet, ist einmalig. Diese paar Stunden sind die Entschädigung für den ständigen Lärm, die Vibrationen, eine Klimaanlage in der Kabine, das Schiff, zwischen Böen und Tornado, pendelnd und die fehlenden Stunden Schlaf.

Während viele vom Sonnenuntergang schwärmen, trumpft der Sonnenaufgang für mich. Es ist das Gefühl eines neuen Anfangs, neuer Chancen, neuer Eindrucke. Die Sonne scheint aus dem Nichts zu kommen und, einmal über den Rand des Horizonts gelangt, steigt sie mit einer überraschenden Geschwindigkeit empor, als würde jemand einen glühenden Ball in die Höhe werfen. Ist Land in Sicht, werden die Konturen schärfer, die Farben klarer und Leben kommt auf. Möwen, mal umkreisend, mal tauchend, mal mit Überholmanöver oder lässig hinterher gleitend, treiben ihren eigenen Sport. Mit der Zeit lernt man die Wellen lesen, die kleinsten Veränderungen erkennen und wird dafür belohnt.

Wale beobachten stand auf dem Ausflugsprogramm, und hier waren sie, in Wartestellung, schwarze Punkte im Meer vor Ponta Delgada, der Hauptstadt von São Miguel. Ein Naturspektakel für mich allein. Plötzlich war der Wellengang des vorangegangenen Tages vergessen.

Ganz so leicht ist es nicht, zu den Azoren zu kommen. Mitten im Atlantik, auf rund 38 Grad Nord und 1500 Kilometer westlich von Lissabon gelegen, waren die Inseln einst ein wichtiges Handelszentrum und Zwischenstopp bei der Atlantiküberquerung. Heute bewegen sich Containerschiffe ohne Aufenthalt zwischen den Kontinenten. Die Motoren sind kräftiger, die Fahrzeit geringer und so erübrigt sich die Notwendigkeit eines Zwischenstopps. Proviant muss nicht mehr von den Handelsschiffen aufgenommen werden und Kohle erst recht nicht. So könnte man meinen, die Inseln seien nurmehr ein Ausflugsort für Kreuzfahrtschiffe. Fragt man Hochseesegler, erzählen sie eine andere Geschichte. Die Azoren sind nach wie vor ein wichtiger Stützpunkt auf der Karibik-Mittelmeer-Route, eine Gelegenheit, die Überfahrt zu unterbrechen, sich mit anderen Crews auszutauschen, Frischwasser aufzunehmen und ins Internet zu gehen.

Die neun Inseln der Azoren gehören zu Portugal und sind der westlichste Punkt der EU. Sie sind in jeder Hinsicht Sonderlinge. Sie liegen am Mittelatlantischen Rücken, der von der Arktis bis zur Antarktis verläuft, wie auch an einem besonderen Schnittpunkt der Erde, an einem Dreieck, wo die Nordamerikanische, Afrikanische und die Eurasische Kontinentalplatte aufeinander stoßen. Die Kraft der Erde hat die Inseln geschaffen, für ein einzigartiges Landschaftsbild gesorgt und erinnert einen immer wieder daran, dass der Mensch nicht alles unter Kontrolle hat. Die markante Silhouette eines Vulkans war bei der Einfahrt nach Ponta Delgada nicht zu übersehen, ebenso wie das Grün, das anscheinend die ganze Insel umhüllt. Eine der ersten Regeln beim Reisen lautet, je grüner die Landschaft, desto höher die Wahrscheinlichkeit von Regen. Die Engländer haben hierfür einen treffenden Spruch: *to take a rain check*, das heißt »die Wahrscheinlichkeit von Regen prüfen«. Damit ist gemeint, sich umzuschauen, um zu sehen, wie es vor Ort wirklich ist. Denn zwischen Vorhersagen und Wirklichkeit gibt es immer eine Kluft, wenn man sich im Einflussbereich des Golfstroms aufhält.

Das warme Wasser, aus der Karibik kommend, teilt sich bei den Azoren und schwenkt nach Norden und Süden. Zusammen mit dem Hochdruckgebiet der Azoren, Teil des europäischen Großwettersystems, sorgt es hier für ein gemäßigtes Klima mit Temperaturen zwischen 13 und 23 °Celsius und Frost nur in hohen Lagen. Die Luftfeuchtigkeit pendelt zwischen 80 und 100 Prozent. So gleichen die Inseln in mancher Hinsicht einem riesigen Gewächshaus.

São Miguel könnte, was die Grünschattierungen angeht, mit Irland konkurrieren. Die Sonne hatte nur ein kurzes Ständchen gebracht und war bald durch dunkle Wolken verdeckt, die fast bis zum Boden herunterreichten. Erste Eindrücke sind prägend. Hinter der dichten Bebauung der Hauptstadt mit den weißgetünchten Häusern, die Fenster und Sockel abgesetzt durch dunkel anthrazitfarbenen Basalt, wirkten die Vegetation noch opulenter, die Weiden saftiger und die Farben der Blumen noch leuchtender.

São Miguel und auch die anderen Inseln sind ein Paradies für Botaniker. Sie waren bereits im 18. Jahrhundert Anlaufpunkt für Pflanzenliebhaber, die von der endemischen Flora angezogen wurden. Von den 1200 Gefäßpflanzenarten[1], die auf den Azoren vorkommen, sind nur noch um die 70 Arten endemisch[2]. Von den immergrünen Lorbeerwäldern, die Reisesende früherer Zeiten begeisterten, sind nur Restbestände erhalten, Wissenschaftler sprechen von nur 2 Prozent auf São Miguel. Sie sind längst zu Gunsten der Landwirtschaft gerodet, und man bemüht sich jetzt, die Natur zu schützen und zu bewahren, aber gegen den Anmarsch so manch fremdländischer Pflanze hat sie kaum eine Chance.

Im 19. Jahrhundert war man der Meinung, Pflanzen seien wie die Menschen anpassungsfähig. So wurden die Azoren mit ihrem mäßigen Klima als Akklimatisationsort betrachtet, ein Zwischenort zwischen den Tropen und dem Norden, wo sich exotische Pflanzen theoretisch im Freien dem Klima anpassen und abhärten konnten, bevor sie in das kühlere Nordeuropäi-

---

[1] Botanische Bezeichnung für Pflanzen, die Leitbündel besitzen, um Wasser und Nährstoffe zu transportieren. Die größte Gruppe von Pflanzen, die wir in unseren Gärten verwenden.

[2] www.biologie.uni-regensburg.de/Botanik/Schoenfelder/floraazores.html

sche Klima übersiedeln und dort auch dem Winter standhalten sollten. Das Experiment ist zwar gescheitert, aber die vielseitige Vegetation der Inseln ist eine dauerhafte Erinnerung an diesen früheren Ehrgeiz. Anpflanzungen von Sicheltanne *(Cryptomeria japonica)* wie auch scheinbar willkürliche Bestände von Wildem Ingwer *(Hedychium gardnerianum)* und auch von Mammutblatt *(Gunnera)* tauchen an den unerwartetsten Stellen auf und bedrohen durch ihre Wuchskraft die endemische Vegetation.

Die Begeisterung für fremdländische Pflanzen ist nicht nur auf die Botaniker, sondern auch auf die Geschäftsleute der Insel zurückzuführen. Der Hafen von Ponta Delgada war im 19. Jahrhundert ein wichtiger Umschlagplatz für die Schifffahrt, der Walfang lief auf Hochtouren, und Orangen wurden angebaut, die Höchstpreise auf dem europäischen Festland erzielten. Vermögen wurden gemacht, und manches davon wurde in den Gärten investiert, sowohl in der Hauptstadt wie auch in Furnas im östlichen Teil der Insel.

Während meiner Recherchen in der Bibliothek der Royal Horticultural Society in London bin ich auf den Namen José do Canto (1820–1898) gestoßen; er war Geschäftsmann mit einem Hang zu Pflanzen, der zu einem der anerkanntesten Gärtner der Azoren wurde. Er führte Listen über die Pflanzen, die er gekauft hatte, ebenso über die, die er nicht kaufen wollte. Sein Stadtgarten[3] in Ponta Delgada neben dem Büro des Präsidenten ist bekannt. Was mich aber interessierte, waren Hinweise auf einen Garten am Furnas-See. Werbefotos der Azoren zeigen

---

[3] Jardim José do Canto, www.josedocanto.com
Adresse: José do Canto Botanical Garden, Rua José do Canto, 9, 9500-076 Ponta Delgada, São Miguel, Açores, Portugal

oft die Thermen von Furnas und den Palmenbestückten Garten von Terra Nostra. Der *Mata-Jardim* wird kaum erwähnt, nur im *Bradt Guide*[4] erfährt man, dass es sich um »einen verschlafenen Privatgarten in der Nähe der Kapelle, erbaut von einem großartigen Gärtner der Azoren, José do Canto« handelt. Verschlafen, privat und die Lage am Furnas-See – das klang verführerisch, diesen Garten mussten wir aufsuchen!

Unser Busfahrer wusste den Weg, schließlich bringt er die Schulkinder zum Picknicken hierher und fährt auch selbst mit seiner Familie zu diesem Ort, um dort die kulinarische Spezialität der Region, *cozido nos caldeiras*, Eintopf im Krater, zu kochen. Grillen für Fortgeschrittene! Der Parkplatz ist erstaunlich groß, gut angelegt, ausgestattet mit einem sachlichen, aber schicken, modernen, niedrigen Bauwerk, verkleidet mit riegelförmigem grauen Naturstein. Das WC-Häuschen, erbaut mit EU-Geldern nach dem Motto »Bauen für die Zukunft«, hätte genauso gut nach London oder Frankfurt gepasst. Sicherlich ist der Ort an Wochenenden belebt, aber jetzt herrschte eine wohltuende Stille. Die Luft war weich, der kreisrunde See ruhig. Von den Schwefelquellen war nichts zu riechen. Die Wolkendecke rollte über den Bergkranz, die Feuchtigkeit hing im Kessel, gefangen von den steilen, dicht bewaldeten Hängen ringsum.

Ein Rundweg führt um den zwei Quadratkilometer großen See, aber von einem Garten keine Spur, nur der dunkle, spitze Turm einer Kapelle war zu sehen. Neogotisch, erbaut Mitte des 19. Jahrhunderts durch den Architekten André Breton für

[4] David Sayers, *Bradt Guide Azores*, 2010, www.bradtguides.com
[5] Kapelle Nossa Senhora das Vitórias
www.en.wikipedia.org/wiki/Chapel_of_Nossa_Senhora_das_Vitórias_(Furnas)

José do Canto in Andenken an seine verstorbene Frau, hat das Bauwerk[5] etwas Gespenstisches, Verlassenes, gar Melancholisches an sich. Die begleitende Bepflanzung ist jedoch erstaunlich gepflegt und andersartig, Hortensien, Azaleen, eine Hanfpalme, nicht das, was man hier erwarten würde. Kein Wunder, dass José do Canto und seine Ehefrau hier begraben sind, sie sind für immer im Garten. Der zeigte sich nur allmählich, denn zwischen dem tiefen Grün des umliegenden Waldes waren nun leuchtende Farben zu erkennen: ein rosa Klecks, rote Flecken, Grünschattierung, abweichend von der Masse. Und direkt am Wasser steht ein aprikosenfarbiges Häuschen. Das wunderbare Jugendstil-Gebäude, die Casa dos Barcos, das Bootshaus, wird selten erwähnt, auch nicht, dass man sich hier einquartieren kann[6]. Es ist der perfekte Ort, die besondere Stimmung des Sees zu genießen. Gegenüber dem Haus, auf der anderen Seite des Rundweges, waren zahlreiche Zierpflanzen am Hang zu sehen. Hier musste der Garten sein. Unser Guide war zwar erstaunt, warum wir unbedingt diesen Garten anschauen wollten, alle anderen Gartengruppen würden nach Terra Nostra[7] fahren, aber sie hatte alles gut vorbereitet und dafür gesorgt, dass die Eisentür aufgeschlossen wurde, sonst wären wir an dem unscheinbaren Eingang vorbeispaziert.

Was zuerst als tiefgrüner Wald erschien, ist ein Bestand an baumartigen Kamelien. Wären nicht die Randeinfassungen und die Breite der Wege, würde man meinen, das Areal sei per Zu-

---

[6] www.casadosbarcos.com

[7] www.parqueterranostra.com

Adresse: Terra Nostra Garden Hotel, Rua Padre José Jacinto Botelho, 5, 9675-061 Furnas, S. Miguel, Açores, Portugal

fall entstanden. Sah man aber genauer hin, bemerkte man die Pflasterung, eiergroße Basalt-Kieselsteine, eng an eng gesetzt. Die Landschaft und der Garten verschmelzen hier in eine verwunschene, pittoreske Inszenierung, gezeichnet von Rundwegen, die sich überkreuzen und immer weitere Kreise ziehen. Nur das Märchenschloss fehlt. José do Canto hatte den französischen Landschaftsgestalter Barillet-Deschamps (1824–1875), zuständig für die Tuilerien wie auch weitere Parks in Paris, für sein Projekt gewinnen können. Dessen erster Plan von 1861 wurde zwar sechs Jahre später von Georges Aumont verfeinert, aber die markante, schlendernde Wegeführung wurde übernommen. Mit 600 Hektar Größe und bewegter Topografie ist das Areal ein Sonderling, ein Paradies, das sogar die Gärten in Cornwall in den Schatten stellt.

Wer es richtig macht, bestellt den örtlichen Botaniker dazu. Wir hatten leider nur beschränkt Zeit und wollten in erster Linie einen Gesamteindruck von dieser naturnahen botanischen Sammlung erhalten. Trotz aller guten Vorsätze, uns nicht mit Details aufzuhalten, wurden wir immer wieder von herrlichen Blüten abgelenkt und kamen bei unserer Besichtigung kaum voran. Mal eine blutrote, rosettenähnliche Blüte einer Kamelie, dann eine einfache weiße Blüte, die trotz des Regens noch nicht von hässlichen braunen Rändern gezeichnet war. Es hatte keinen Sinn, nach den Namen zu fragen, denn es war zweifelhaft, ob sie noch im Handel sind. Um die 1400 Arten und Sorten von Kamelien sind im Garten, im Gegensatz zu den »nur« 257 Sorten in do Cantos Garten in Ponta Delgada. Allerlei Rhododendren, Magnolien und Palmen säumen den Weg, wie auch zahlreiche seltene und besondere Pflanzen, bei denen man nur raten konnte, worum es sich handelt. Eines war jedoch sicher: für ein kontinentales Klima wie in Deutschland sind sie nicht geeignet. Romantisch, verschlafen und wunderschön, wenn auch melancholisch, lässt dieses besondere Areal die Liebe für Pflanzen und den wilden, naturhaften Geist der Azoren hautnah spüren.

Im oberen Teil des Gartens findet sich ein Wasserfall, aber Wasser hatten wir ringsherum. Nicht einmal die dichtbelaubten Baumkronen konnten den Regen abhalten. Unsere bunten, burgunderfarbenen MS-»Deutschland«-Schirme waren wie riesige Blüten und passten damit ins Bild. Die Wege sind breit genug, sodass man auch mit Schirm bequem nebeneinander spazieren konnte. So schnell, wie der Regen anfing, klärte sich der Himmel, die Temperatur stieg, und es dampfte, von der Oberfläche der Blättern, dem Boden und von unserer Kleidung. Das Laub und die Farben glänzten, nunmehr konnten wir die ganze Dimension des Furnas-Sees und die umliegende Landschaft erkennen. Alles schien zum botanischen Wunderland dazuzugehören, denn es war fast unmöglich festzustellen, wo genau die Grenzen des Gartens liegen. Die Stimmungswandlung von melancholisch und schwermütig zu Beginn unseres kurzen Besuches bis zu heiter und friedlich war verblüffend. Der See, zuvor fast schwarz, war nunmehr blau. Am erstaunlichsten jedoch war die Verwandlung des dichtbepflanzten Kessels selbst. Die Vegetation drückte nicht mehr nach innen, sondern öffnete sich nach oben und zeigte sich somit von ihrer besten Seite.

Hätten wir mehr Zeit gehabt, wäre ein Spaziergang um den See die richtige Ergänzung des Vormittags gewesen, um den Garten wie auch die umliegenden Hänge von der anderen Uferseite zu betrachten. Auch ein kurzer Abstecher in den Wald, um sich ein Bild von der Vegetation der Insel zu machen, hätte uns gereizt. Es stand aber noch mehr auf dem Programm, und so mussten wir uns vom Furnas-See verabschieden und zum Terra-Nostre-Park weiterfahren. Dieser Garten sei ein Muss für Gartenliebhaber, schließlich sprachen alle davon.

Ob es daran lag, dass die Erwartungen hoch waren, an der Massenabfertigung beim Mittagessen oder einfach an der Tatsache, dass der Garten von allen Reisegruppen aufgesucht wird und er sich zum touristischen Highlight entwickelt hat: hier fehlte die besondere Atmosphäre für mich. Der Garten, ursprünglich 1775 vom damaligen US-Botschafter Thomas Hickling angelegt, ist zwar ein botanisches Wunderland, aber er scheint bei allen touristischen Ausflügen an dritter Stelle nach dem Art-déco-Terra-Nostre-Hotel und den Thermalquellen zu stehen. Der Chefgärtner bemüht sich, aber es fehlt das gewisse Etwas. Nur unten am Wasser, am Fuß der Steilhänge, wo sich die Baumfarne malerisch verbeugen, hatte man das prickelnde Gefühl, wie im José-Cantos-Dornröschengarten etwas Besonderes zu sehen, den Eindruck, einer außergewöhnlich andersartigen Welt zu begegnen, die nur auf den Azoren zu finden ist. Zufrieden und wohlig erschöpft von all diesen märchenhaften Eindrücken, gingen wir zum Schiff zurück.

Madeira wärmt:
Zum Besuch in Blandy's Garten

Frösteln war das Letzte, was ich auf Madeira erwartete hätte. Aber die feuchte Kälte kroch schnell in unsere Glieder, nachdem wir aus dem Bus gestiegen und in den Garten hineingewandert waren. Diese Art von Kälte kannte ich allzu gut aus meinen Jahren in Manchester, nur wachsen dort keine Bananenstauden und keine Palmen. Unten in Funchal war die Temperatur angenehm. Dort bewunderten wir die Blütenteppiche und die Blumenstände mit ihren Protea- und Kalla-Lilien und drehten eine Runde über den Markt, wo wir auch von der Empore aus den Fischhändlern bei der Arbeit zuschauten. Lange, aalähnliche schwarze Fische hingen von langen Tischen, riesige Stücke Thunfisch und flache Trockenfische warteten auf Abnehmer und wurden hauptsächlich von Touristen bewundert. Während die Gemüsestände bunt waren und ein überquellendes Angebot an Früchten und Gemüse feilboten, wirkte die Fischhalle eher minimalistisch. Das gesamte Farbspektrum bewegte sich hier im weiß-burgunderblauem Bereich, von der Bekleidung der Verkäufer bis hin zur Ausstattung der Halle. Und falls irgendjemand Zweifel daran hatte, was sich in diesen Räumlichkeiten abspielte, waren die Wände ganz nach portugiesischer Art mit blau-weißen, bemalten Fliesen versehen, die das Tagesgeschehen den Markthändler abbildeten.

Madeira ist einer sonderbaren Mischung zweier Kulturen und Einflussbereiche, der britischen und der portugiesischen. Afternoon Tea im Reids Hotel mit portugiesischem Geflüster im Hintergrund, viktorianisch koloniale Zuckerbäckerarchitektur neben weiß-schwarzen, iberischen, sachlichen Bauten. Gesprochen wird Portugiesisch, Englisch aber überall verstanden. Um die Hauptstadt Funchal herum gibt es eine erstaunlich dichte Bebauung. In vielerlei Hinsicht erinnert der Anblick vom Meer auf die Stadt an Hongkong in den 1970er-Jahren, moderne mehrstöckige Bauten wechseln mit alten Bauten, die Bebauungsgrenze ist vielerorts durchbrochen und wandert die Hänge hinauf. Vom Meer bis zum höchsten Punkt, dem Pico do Arieiro, sind es 1818 Meter, dazwischen liegt eine Ansammlung von Bergen und Hochtälern. Wie andere Inseln mitten im Atlantik ist auch Madeira vulkanischen Ursprungs und verfügt über fruchtbare Böden. Dies, kombiniert mit dem Klima, das zwar als mediterran eingestuft, jedoch subtropisch und in höheren Lagen sogar alpin ist, führt dazu, dass auf der Insel eine große Bandbreite an Pflanzen gedeiht. Die ersten portugiesischen Siedler lernten schnell, mit den Steigungen umzugehen, sie legten Terrassen an und sorgten für ausreichende Bewässerung; so entstanden auch die künstlichen Wasserkanalsysteme, die Levadas.

Ab etwa 600 Höhenmetern schließen sich Wald und eine scheinbare Wildnis an. Aber der Anblick täuscht, wenigstens von den kurvenreichen Straßen aus, denn in den Lichtungen, Mulden und Zwischentälern liegen Bauernhöfe, umgeben von Weiden, darunter auch die Quinta do Palherio. Dieses Landgut liegt an der Grenze zwischen Besiedlung und Natur und ist bei vielen besser unter seinem englischen Namen, Blandy's Garden, bekannt. Auf 600 Höhenmetern ist die Luft frisch, und im Mai, zum Zeitpunkt unseres Besuchs, kühl, ja sogar kalt. Das Licht ist klar. Pullis und regenfeste Jacken sind zu empfehlen, wenn man Madeiras, wenn nicht sogar Portugals bekanntesten Privatgarten morgens besuchen möchte.

Der Garten von Palheiro Ferreiro[1], um seinen vollen Namen zu nennen, zog bereits Anfang des 19. Jahrhunderts die Besucher an. Joao Esmeraldo, der erste Graf von Carvalhal, ein erfolgreicher Geschäftsmann mit weitläufigem Grundbesitz auf der Insel, ließ 1804 den Garten nach den Plänen eines französischen Landschaftsgestalters anlegen. Parkartige *pleasure grounds* waren damals en vogue, und so wurde die Zufahrt zum oberen Pförtnerhaus mit einer Platanenallee gesäumt, die Hänge wurden mit Blumenbeeten und zahlreichen Kamelien sowie exotischen Bäumen bepflanzt. Es gibt die nette Anekdote, dass der Gärtner seinerzeit versuchte, die Kamelien zu zählen, aber bei 9000 Stück aufgab. Leider hatte der Nachfolger des Grafen weder Interesse an Gärten noch an Pflanzen. Seine Leidenschaft waren Casinos und Feste. So schlummerte das Anwesen vor sich hin, bis das Geld ausging und Palheiro Ferreiro 1885 versteigert wurde. Als John Burden Blandy, Geschäftsmann und Chef eines erfolgreichen Familienbetriebs, der sein Geld mit dem Bunkern von Braunkohle sowie der Produktion und dem Verkauf von Madeira-Wein verdiente, das Anwesen samt Bauernhof als Sommer-

---

[1] www.palheirogardens.com/de
Adresse: Caminho da Quinta do Palheiro, 32, Funchal, Madeira Island, 9060-255 Funchal, Portugal

residenz kaufte, wurde er von Familie und Freunden für verrückt erklärt. Der Landsitz lag damals fernab jeglicher Zivilisation und allem Anschein nach mitten im Wald. Die Zweifel wurden noch größer, als er ein neues Haus, entworfen von den Architekten von Reid's Hotel, Clarke und Micklethwaite, errichten ließ. Jedes Bauteil samt Schornstein wurde aus England importiert. Das weißgetünchte Haus mit den dunkelgrünen Fensterrahmen und -läden sowie den versetzten Dächern wird immer noch von der Familie bewohnt und ist für Besucher nicht zugänglich.

Wenn nicht ein Schild und ein Tor darauf hinweisen würden, käme man nicht auf die Idee, dass sich hier ein Haus verbergen, geschweige denn ein Garten befinden könnte. Von der Straße sah das Gelände einfach nach Wildnis aus; es ist eigentlich am Samstag geschlossen[2], ich hatte dennoch angefragt, ob ein Besuch auch außerhalb der Öffnungszeiten möglich sei. Bei einer Schiffsreise kann man sich nicht aussuchen, wann ein Hafen angefahren wird; das bedeutet aber auch, dass man manchmal, wenn man wie hier Glück hat, einen Garten für die ganze Gruppe allein haben kann.

Voller Neugier, was uns erwarten würde, folgten wir der Platanenallee den Hang hinab, dabei sorgsam auf den Weg achtend, der, obwohl gepflastert eher holprig und rutschig wie ein Wirtschaftsweg ist. Ab und zu blieben wir stehen, um auf die anderen zu warten, und nutzten die Zeit, um uns umzusehen. Und da stellten wir fest, die Wildnis ist in der Tat ein Garten. Gruppen von Kamelien, viele noch in Blüte, darüber Baum-

---

[2] Bitte die aktuellen Öffnungszeiten beachten. 2017 war der Garten täglich von 9 bis 17 Uhr geöffnet.

kronen über Baumkronen so locker verteilt, dass das Licht noch bis zum Boden fällt. Dort hat sich eine Art dichte, saftige, dunkelgrüne Wiese mit einer Mischung aus Kallas *(Zantedeschia aethiopica)*, Agapanthus mit seinen saftigen, länglichen Blättern, filigranen Farnen und anderen Pflanzen mehr etabliert. Eine sonderbare Mischung, die hier aber gut hinpasst.

Der steile Weg führt den Hang hinunter auf ein kleines Bauwerk, eine Kapelle, zu. Ein Überbleibsel aus der Zeit des Grafen, wurde sie zu unserem Orientierungspunkt im Garten. Von dieser Stelle aus war auch, seitlich und höher am Hang gelegen, das Wohnhaus zu sehen. Der weiße Baukorpus war umgeben von dichter, vielfältiger Vegetation[3], die wie ein bunter Sockel wirkte und aus der schlanke Zypressen und eine überhohe, schlanke Palme wuchsen. Dieser Bereich ist der Familie vorbehalten, etwas Privatsphäre muss sein.

Von hier entfaltet sich der Garten in Richtung Süden und Westen den Hang hinab, das Ergebnis des Engagements von Generationen begeisterter Gartenliebhaber. Genannt sei vor allem Mildred Blandy, die seit den 1930er-Jahren und über einen Zeitraum von etwa fünfzig Jahren den Garten immer weiter verfeinerte und ergänzte. Sie führte Pflanzen wie die Proteen aus ihrer Heimat Südafrika ein, aber auch Spezies aus Neuseeland und Australien. Andere Pflanzen wurden von ihrer aus Amerika stammenden Schwiegermutter aus den USA mitgebracht. So hat jeder seine Pflanzen in den Bestand eingewoben.

Nicht nur die Pflanzen, sondern auch die Farben und die Düfte sind in diesem Garten besonders. Es waren fast zu viele

---

[3] Unser Besuch fand 2010 statt.

Eindrücke, um alle gleichzeitig aufzunehmen. Was in Blandy's besticht, sind nicht die einzelnen Pflanzen allein, sondern die Wechselwirkung und die Kombination miteinander. Würde man alle sich in diesem Garten befindenden Pflanzen bestimmen wollen, bräuchte man Monate und eine Schubkarre voller Referenzbücher, denn Blandy's ist ein Schmelztopf für Pflanzen aus aller Welt. Pflanzen der nördlichen wie der südlichen Halbkugel treffen hier aufeinander, Pflanzen vom Mittelmeer und aus den Subtropen ebenso wie die endemischen Pflanzen der Insel. Die Vielfalt ist beeindruckend!

Was den Garten weiterhin auszeichnet, ist, auf welche Art und Weise Gestaltungsideen aus ganz Europa in die Gestaltung dieses Gartens eingeflossen sind. Es gibt *mixed borders* ganz nach englischer Art mit Gehölzen, Stauden, Einjährigen und Zwiebelpflanzen. Aber mit Ausnahme des orangefarbenen und gelben Scheinmohns, der hier genauso wie auf dem europäischen Festland wuchert, und des Neuseeländischen Flachs *(Phormium tenax)* gibt es hier lauter Pflanzen, die man in England selten antreffen würde und die dort erst recht nicht gleichzeitig blühen würden. Astern im Mai? Das sind doch Pflanzen, die wir dem Spätsommer und Herbst zuordnen würden.

Die Zusammenstellung im Beet unterhalb des Hauses ist bestechend, locker, farbenfroh in Blattwerk und Blüte, und nach der Höhe gestaffelt. Die Modellierung des Geländes mit mehreren Terrassen stammt noch aus John Blandy's Zeiten und besteht nicht aus den üblichen senkrechten Stützmauern und waagrechten Ebenen, sondern ist mit seinen abschüssigen Hängen, die, umkleidet von Vegetation, in sanfte, offene Plateaus übergehen, wesentlich gefälliger. Die Wirkung ist parkartig, fast natürlich, sodass man schwer erkennen kann, wo der Garten beginnt und wo er endet; die gesamte Umgebung scheint zu ihm dazuzugehören.

Dem Beet gegenüber und parallel zum Weg befindet sich ein kleiner Senkgarten mit einem runden Wasserbecken. Eingefriedet durch eine Buchsbaumhecke, macht er von außen einen ganz braven Eindruck. Schaut man sich den Buchsbaumformschnitt jedoch genau an, stellen sich eher erotische Assoziationen ein: Phallusformen überall, umgeben von gemischten Bodendeckern, Kalla-Lilien, Astern, Aeonien mit fleischigen Rosetten in Grün sowie der markanten Züchtung 'Schwarzkopf', Jasmin im Hintergrund. Dazu Weihnachtsbaumformen von *Araucaria angustifolia* aus Brasilien, ein Silberbaum *(Leucadendron argenteum)* aus Südafrika, ein Flaschenputzer-Baum *(Callistemon rigidus)* sowie ein Myrtengewächs aus Neuseeland. Kontraste überall, und je mehr sich das Auge an die ungewöhnliche Mischung gewöhnte, desto mehr war zu erkennen.

In dieser unteren Partie ist das Gelände flacher und zieht sich in einem Bogen um den Hang. Auch der Baumbestand ist lichter, und so war es uns nun möglich, die Topografie und die Konturen des Gartens besser zu entziffern. Unsere Methode, den Garten in kleineren Grüppchen oder auch alleine zu erkunden, erwies sich als vorteilhaft. Wie will man sonst auch 12 Hektar in einer doch begrenzten Zeit ohne Plan besichtigen? Traf man jemanden, tauschte man sich aus: »Schau unbedingt noch hinter die Kapelle, dort gibt es noch viel mehr zu sehen«, oder »Hinter dem ›erotischen Garten‹ ist ein Wasserlauf, der mit einer schmalen Bordüre niedriger, orangefarbener Blumen gesäumt ist. Wisst Ihr, was das für Pflanzen sind?«

Wer braucht bei so einem Informationsaustausch einen Plan? Solange man in Bewegung blieb, war die kühle Feuchtigkeit erträglich, blieb man stehen, was sehr oft der Fall war, kroch uns die Kälte wieder in die Knochen. Das Klima scheint aber ideal für eine erstaunliche Bandbreite an Spezies zu sein. Zarte, weiße Rosen blühten an einem Laubengang und lenkten die Aufmerksamkeit fast von der langen Achse, die sich scheinbar ins Unendliche erstreckte, ab. Und so bemerkten wir erst, als wir unmittelbar davor standen, den Eingang zum Damengarten an der am Ende der Achse gelegenen Treppenflucht. Spielereien mit Formen und Sinn für Humor scheinen sich durch den Garten zu ziehen: Das mittlere Rondell ist mit dicht an dicht wachsenden Buchsbaum-Küken-Figuren um eine Brunnenschale gefüllt. Die Köpfe zueinander gedreht, als ob sie sich miteinander unterhalten würden, glaubte man fast ihre Stimmen zu hören. Um der Gestaltung etwas Form zu geben, sind die Figuren am Rande mit Buchsbaumhecken im Viertelkreis verbunden.

Während dieser Gartenteil ansonsten eher in sich abgeschlossen wirkt, öffnet sich seitlich ein Fenster in die Landschaft, das den Blick auf satte Wiesen lenkt, die sich den sanften Hang hochziehen. Früher landwirtschaftlich genutzt, dienen sie hier jetzt einem spektakulären Golfplatz.

Der Garten ist bei Weitem nicht zu Ende. Die Wege ziehen sich in leichten Kurven an weiteren blumengefüllten Inselbeeten vorbei. Allmählich war ein System zu erkennen; gemischte, runde oder nierenförmige Beete im Halbschatten eines Baumes, eingefasst durch einen niedrigen, schmalen Streifen buntbelaubter Pflanzen, abgesetzt durch kurz geschnittenen, sehr grünen Rasen. Die Einfassung ist faszinierend, mal etwas Burgunderfarbenes, dann Hellgelbes. Endlich eine Pflanze die man kannte, eine Grünlilie *(Chlorophytum comosum)* die beliebte Zimmerpflanze. Die Wirkung war sonderbar, aber irgendwie passend in einem Garten, der seine eigenen Regeln folgte.

Die Solitärbäume in diesem Teil des Gartens, wie *Hymenosporum flavum*, ein gelbblühender Australischer Frangipani, sind so einzigartig wie die Beetzusammenstellung. Kein Wunder, denn Funchal war im 19. Jahrhundert und bis zur Einführung von Flug- und Containertransport ein wichtiger Hafen mit regem Handel mit Nord- wie Südamerika, Südafrika und noch weiter entfernten Ländern. Pflanzen wurden oft mittransportiert, und so mussten die Blandys nur zum Hafen fahren, um zu sehen, ob etwas Interessantes und Neuartiges für ihren Garten dabei war.

Bei aller Begeisterung für fremdländische Zierpflanzen war die Familie nicht blind für das, was die Insel zu bieten hat. Der riesige Storchschnabel *(Geranium maderense)* mit blauen, fast ins lila gehenden Blütenrispen taucht immer wieder in den Blumenbeeten auf, gleiches gilt für den prächtigen, strauchartig wachsenden Natternkopf *(Echium nervosum)*. Ein herrliches Exemplar ist an der unteren Terrasse in der Nähe des Teehauses zu finden. Hier, nach Süden gerichtet, ist der wärmste Fleck des Gartens, just der Ort, wo man im Baumschatten gerne einen Tee trinken würde – aber bitte, wie es sich gehört, mit Hut!

Nach so vielen Eindrücken ließen die Konzentration und die Energie nach. Die Vorstellung, den Hang wieder erklimmen zu müssen, war uns allen ein Graus. Aber das mussten wir auch nicht, denn eine viel bessere Alternative tat sich auf. Das alte, vornehme, wenn auch bescheidene Landhaus des ersten Grafen wurde Mitte der 1990er-Jahre von den jetzigen Besitzern, Adam und Christine Blandy, renoviert und als kleines, feines Hotel eröffnet. Am Maschendrahtzaun unweit des Teehauses müssen die Gartenbesucher für gewöhnlich umkehren, wir jedoch nicht. Das Tor war offen, denn hier, im Fünfsterne Hotel Casa Velha[4] do Palheiro wartete nicht nur das Mittagessen auf uns, sondern auch der Maître d'hôtel vor der Haustür mit einem Tablett voller Gläser mit hauseigenem Madeira-Wein: ein Gruß des Hauses, um uns wieder aufzuwärmen. Und just in diesem Moment lichtete sich der Himmel und die Sonne brach durch die Wolken – ein perfekter Moment, wie man ihn nicht hätte besser planen können.

[4] www.casa-velha.com

Karibisches Flair

Paradies in der Trabantenstadt:
Kubas grüne Revolution

Drei Zeilen, eine Zusage: Sie würden uns um 13.30 Uhr erwarten. Die Organopónico Vivero Alamar[1], Havanna, stand ganz oben auf meiner »Muss ich sehen«-Liste, aber nicht auf dem offiziellen Programm der Sehenswürdigkeiten. Da half nur eins, selbst nachfragen. Die Antwort kam vier Monate später.

Als ich sah, dass die Hauptstadt von Kuba der Ausgangspunkt der Karibik-Kreuzfahrt sein würde, zögerte ich keine Sekunde. Ich hatte Monty Dons Buch *Around the World in 80 Gardens*[2] in den Händen gehabt und Ausschnitte des gleichnamigen BBC-Fernsehprogramms auf YouTube[3] gesehen und war Feuer und Flamme für den faszinierenden Beitrag aus Havanna. Hier waren richtige Gärten, die auf den Ursprung des Gärtnerns zurückgingen. Um zu überleben, hatten die Bewohner von Havanna Baulücken beschlagnahmt und bepflanzt. Hunger trieb die Menschen, Alt und Jung, Arbeiter und Akademiker,

---

[1] UBPC Organopónico Vivero Alamar, Ave. 160 Esq. Parque Hanoi, Zona 6, Alamar, Habana del Este, Ciudad de La Habana, Cuba
[2] Monty Don, *Around the World in 80 Gardens*, London 2008
[3] Der Ausschnitt des BBC-Programms ist nicht mehr einsehbar, aber diese Link www.youtube.com/watch?v=ZAk23dKInw8 vermittelt einen Eindruck des Gartens.

zu Ungewöhnlichem, in Havanna waren es Guerilla-Schrebergärten.

Als die Sowjetunion 1991 Kuba ihre Devisen entzog, brach das Leben auf der karibischen Insel zusammen. Die »Sonderperiode in Friedenszeiten«, wie Fidel Castro sie nannte, war nichts anderes als der Ausnahmezustand. Kuba war von der Welt abgeschnitten und auf sich gestellt. Es gab keinen Dieseltreibstoff für die Traktoren, keinen Dünger für die Felder, die Landwirtschaft war lahmgelegt. Gemüse und Obst wurden zur Mangelware. Auf dem Land konnte man notdürftig etwas anbauen, aber Havanna stand kurz vor der Hungersnot.

Touristen kommen selten in das östlich der Stadt gelegene Alamar. Raphael, unser Guide, war genauso perplex darüber wie der Hafen-Agent, dass wir unbedingt dorthin fahren wollten. Wäre es nicht unterhaltsamer, den Sonderzug-Ausflug mit der Hershey-Bahn[4] zu machen wie alle anderen? Nein danke, der Besuch wurde genehmigt, also ab in die Trabantenstadt. Die Fahrt dorthin war ein Erlebnis. Wir konnten, wenn auch nur durch die Fenster des Busses, Land und Leute sehen. Alle Bilder, die man von Kuba kennt, rollten vor unseren Augen ab: uniformierte Kinder im Schulbus, breite, saubere Straßen, wunderbare Oldtimer und Einfamilienhäuser wie kleine Villen, blau, grün, türkis in allen Zwischenschattierungen, eindeutig belebt, auch wenn die Fassaden bröckelten. Alle Autos, Gartenmobiliar und

---

[4] Hershey-Bahn: Dem amerikanischen Schokolade-Hersteller Hershey gehörten vor der Revolution Zuckerrohrfelder und eine Fabrik. Man baute eine Musterstadt und Bahnlinien u.a. zwischen Havanna und Matanzas. Diese Strecke, mit alten Waggons befahren, gehört heute zu einer der touristischen Attraktionen Kubas.

Dekore gingen auf die 1950er-Jahre zurück. Es war der Glanz einer vergangenen Zeit, aber irgendwie, ganz subtil, war etwas anderes unter der Oberfläche zu spüren.

Anstatt sich zu lockern, verdichtete sich die Bebauung, je mehr wir uns von der Stadtmitte entfernten. Wären da nicht die Palmen gewesen, hätte man meinen können, wir wären in die DDR versetzt. Ganz so falsch war der Eindruck nicht, denn Ingenieure aus dem früheren Osten haben ihre Genossen in Kuba stets unterstützt, auch bei der Architektur. Dies war auch der Grund, weshalb Raphael, unser Guide so gut Deutsch sprach, er hatte während seiner Ausbildung einige Zeit in Leipzig verbracht.

Die dreistöckigen weißen Plattenbauten sind Riegel an Riegel aneinandergestellt, mal gerade, mal im Winkel. Die Fassaden werden durch Rechtecke gegliedert, leicht im Relief gesetzt, umrahmen sie großräumig die Fenster. Diese Kassettenmuster, in den 1970er-Jahren als Tapeten so beliebt, waren der Versuch, die Eintönigkeit aufzulockern. Um die Wohnblöcke zu differenzieren, wurde ein breiter, senkrechter Streifen auf die schmalen Stirnseiten gestrichen, die Farben, Blau oder Orangebraun, sind matt und leblos. Die zurückversetzten Balkone zeigen Individualität, ab und an sind sie mit zierlichem, verschnörkeltem Gitterwerk verschlossen, andere nur mit Netzen verspannt, sie sind die einzigen Erkennungsmerkmale der einzelnen Blöcke. Die spärlichen Rasenflächen waren verbrannt, von Trampelpfaden durchwebt oder zum Bolzplatz umfunktioniert. Bäume waren spärlich und lediglich als Begleitgrün entlang der breiteren Straßen anzutreffen. Alamar, erbaut 1959 und 1976 erweitert, war Fidel Castros ganzer Stolz, eine Mustersiedlung, ein neuer

Lebensstil für eine neue Ära. Die Sowjetunion lieferte die Sanitäreinrichtungen, China die Elektroleitungen, die Bauarbeiter waren einheimisch, Hilfsarbeiter, welche die Vision umsetzten.

Lange Zeit hatte Alamar als ein Gebiet gegolten, das man unbedingt meiden musste. Als wir auf eine Art Wald mitten in der Trabantenstadt zufuhren, staunten wir alle. »Grüne Oase« wird gerne als Schlagwort verwendet, hier aber traf es zu. Alle Farben und Freuden des Wohnviertels schienen sich hier versammelt zu haben. Es war ein solcher Stimmungswechsel, dass man erst leicht verwirrt war und verdutzt aus dem Bus stieg. Im Schatten der Bäume waren Tische für einen kleinen Markt aufgestellt, selbstbemalte Schilder in Grün und Gelb mit einem Schuss Pink hingen an den Zäunen, und palmwedelbedeckte Hütten aus Holz, nicht aus Beton, waren wie in einer kleinen Siedlung in der Ferne zu sehen. Und es roch gut nach frischer Erde.

»Hier ist die Landwirtschaft in die Stadt gekommen.« Der Vizedirektor der Kooperative, Merdardo Arango, sprach, Raphael übersetzte, und wir saugten die Informationen auf: 11,2 Hektar Fläche, 154 Leute in der Kooperative (2012), jeder mit anderen Fähigkeiten und Stärken. Sie werden nach Plan in Arbeitsgruppen eingeteilt. Der Vizedirektor deutete auf weiße Fächer, die wie Kuverts reihenweise an der Holzwand angebracht waren. Wie in alten Büros die Stempelkarten, so hatte jedes Mitglied ein Fach und eine Karte und konnte sehen, wo es und was es zu arbeiten hatte. Der Anfang der Kooperative war bescheiden gewesen, es ging zunächst nur darum, die Hungersnot zu lindern und den umliegenden Bewohnern Hoffnung zu geben. Ein Mitglied der Kooperative formulierte es so: »Wir bekommen den besten Lohn der Welt, Essen.« Um die 320 Tonnen pro

Jahr werden hier produziert, es kann vier- bis fünfmal geerntet werden, denn in dem subtropischen Klima auf dem 21. Breitengrad wächst alles das ganze Jahr hindurch. Überschüsse dürfen im Straßenverkauf angeboten werden, der Erlös, auch aus dem Pflanzenverkauf, fließt in die Gemeinschaftskasse und ermöglicht die Finanzierung notwendiger Anschaffungen.

Die Organopónico Vivero Alamar hat nicht nur die Bevölkerung, sondern auch die Natur gerettet. Das Grundstück liegt im Tal des Cojimar-Flusses, einer Flusslandschaft von über 100 Hektar, die durch die Erweiterung der Metropole bedroht war und nunmehr unter Naturschutz stehen soll. Naturschutz passt vielleicht für Außenstehende nicht ins allgemeine Bild von Kuba, wird aber im Lande ernst genommen. Wie sich dies in der Praxis auswirkt, bekamen wir während des Rundganges zu sehen.

Raphaels Skepsis hatte sich gelegt, und sie wurde, soweit es einem offiziell eingesetzten Guide erlaubt ist, durch Begeisterung ersetzt. Als wir aus dem Klassenzimmer, einem auf zwei Seiten offenen Holzbau, heraustraten, blieben wir alle stehen. Die Farbe der Erde war umwerfend, Sienabraun mit einem Hauch Rostbraun, die Farbe von Cortenstahl, so warm und weich, dass man am liebsten mit den Händen darin gebuddelt hätte. Zusammen mit den Palmen, den Hütten und den friedlichen, strahlenden Menschen war es, als ob wir mitten im Garten Eden wären, und zwar erfüllt mit Hoffnung und Liebe.

»Mit der Erde, nicht gegen die Erde«, ist das Motto hier. Der Boden in der Nähe von Flüssen ist bekannterweise fruchtbar, dennoch muss nachgeholfen werden. Schnell irgendwo Dünger zu bestellen, geht nicht in Kuba, man ist gezwungen, auf Fundamentales zurückzugreifen und zu sehen, was die Natur hergibt.

»Artopodos Beneficos« stand groß auf einem Schild geschrieben, umrahmt von bunten, gemalten Marienkäfern. Uns wurden die nützlichen Insekten vorgestellt, denn wer keine Devisen hat, kann keine Pestizide kaufen, also muss man die Natur zum Vorbild nehmen, wenn es um den Kampf gegen Schädlinge geht. Die dunkle Hütte ist die Brutstation, von Hand bemalte Poster erklären die Entwicklungsphasen der Nützlinge sowie auch, was Blattläuse sind. Diese didaktische Art ist nicht nur als Information für die Schulkinder gedacht, sondern auch für die Arbeiter, auch sie sollen den Lebenszyklus der Insekten verstehen, um besser und ertragreicher zu gärtnern. Plastikflaschen, natürlich recycelt, voll Biodünger in erdigen Tönen, stehen aufgereiht im Regal, die handgeschriebenen Etiketten sind verblasst, denn sie sind Ausstellungsstücke. Wer etwas haben möchte, bekommt es direkt in Eimer abgefüllt. Was darin ist, will niemand wissen, von Brennnesselsud bis Urin ist alles möglich.

Würmer sind der Stolz der Kooperative. Es wimmelte nur so von Abertausenden, vielleicht sogar Millionen Würmern in den langen, breiten Beeten. Beschattet durch Netze, bilden diese das Herz der Anlage. Was für manch einen ein Albtraum ist, ist für den Gärtner eine Freude, denn die wirbellosen Tiere übernehmen die Arbeit. Wie ein Mixer arbeiten sie im Boden, wühlen, verteilen und lüften. Wenige Meter davon entfernt ist die nächste Station, die Pflanzenzucht: lange Tische voll mit Sämlingen, auffallend ordentlich und ausgesprochen professionell aufgebaut in Anbetracht dessen, dass die meisten Mitglieder der Kooperative keine gärtnerische Erfahrung haben.

Die Felder nahmen einem beinahe den Atem; sie konnten den Neid jedes Gemüsebauers erregen: Reihe an Reihe mit Salat,

Gemüse, alles unkrautfrei, saftige, frische Grüntöne als Kontrast zum herrlichen Braun der Erde. Es war zum Hineinbeißen. Wir hielten vor einem Büschel Tagetes an: »Statt mit Pestiziden arbeiten wir mit Partnerpflanzen, diese Blumen halten die weißen Fliegen von den Karotten fern, schauen Sie!« Mit einem leichten Zug nahm der Vizedirektor drei lange, herrliche Karotten aus der Erde und überreichte sie mir, damit alle daran riechen konnten. Als Nächstes kam Basilikum dran, dann Petersilie und Minze: »Die kommt in die Cocktails, riechen Sie.« Mittlerweile hielt ich einen Strauß Gemüse und Kräuter in der Hand, orangefarbene Tagetes guckten aus meiner roten Schultertasche heraus, der Notizblock war vollgekritzelt, trotzdem konnte ich so schnell nicht alles aufschreiben, anschauen und fotografieren. Irgendwann habe ich nur noch geschaut und versucht, mir diesen einzigartigen Ort im Gedächtnis einzuprägen, im Wissen, dass ich so etwas nie wieder erleben würde.

Nachdem wir die Obstplantage besichtigt hatten, wo Mangos, Papayas und mehr wuchsen, steuerten wir eine Gruppe niedriger Bauten an, wo die »Agroindustria« angesiedelt ist. Alte Polstersessel waren unter der Veranda aufgestellt, neugierige Gesichter spähten aus dem Schatten. Hier werden die Konserven, Säfte und Marmeladen hergestellt, selbstverständlich alles organisch. Viele Rezepte stammen aus Großmutters Zeiten und wurden, wie die für *Mermelada de Mango* und *Pepino encurtido,* eingelegte Gurken, an die Wand geheftet. Die Erzeugnisse werden ausgestellt auf Regalen, die bedeckt sind mit rot-weißem, abwischbarem, mit Blumenmotiven bedrucktem Karostoff. Oben stehen die Säfte, darunter und auch auf dem Tisch eingelegtes Gemüse, alle Gläser sind mit Stoffhäubchen versehen.

Am frühen Nachmittag hielten sich die meisten Mitarbeiter im Schatten auf, nur wenige bestellten die Felder, es war Siesta-Zeit. Einige Herren mit Strohhut, Shorts und Gummistiefeln lehnten sich lässig an die Türrahmen der Hütten und rauchten ihre dicken Zigarren. Zusammen mit dem roten Lkw im Hintergrund strahlten sie eine Ruhe aus, als ob nichts sie aus der Bahn werfen könnte. Wir mussten weiter, die Innenstadt rief wie auch ein Drink in der Bar »El Floridita«[5].

Nun war die Frage, was ich machen sollte mit meinem besonderen Strauß, denn zu dem Bund Karotten war viel mehr dazugekommen. Gemäß den Vorschriften war das Schiff, auch wenn es im Hafen von Havanna lag, Ausland, und Lebensmittel dürfen nicht exportiert werden. Konnte ich Raphael den Strauß anbieten? Wie würde er reagieren? Wäre es unhöflich? Als ich vorsichtig sagte, ich hoffte, es würde ihn nicht beleidigen, aber es täte mir leid, wenn das schöne Gemüse nicht gegessen würde, erwidert er: »Darf ich es mit dem Busfahrer teilen?« Zeitungspapier wurde herbeigezaubert, die Beute geteilt. Den strahlenden Gesichtern nach zu schließen, war selten etwas so kostbar. Unbemerkt von den meisten Touristen, findet hier wie auch in den inzwischen Tausenden Organopónicos auf Kuba eine grüne Revolution statt.

---

[5] www.floridita-cuba.com
Adresse: La Floridita Obispo No.557 esq. a Monserrate, Habana Vieja, Ciudad de La Habana, Cuba

Vor verschlossenem Tor: Der Botanische Garten von Road Town auf Tortola

Jetzt wissen alle, dass ich weiße Schlüpfer trage. Über Eisengitter im Rock zu klettern, gehört nicht zum Repertoire eines Guides, aber Not macht erfinderisch.

Wir standen vor verschlossenem Tor. Der J.R. O'Neal Botanische Garten[1] in Road Town hätte offen sein sollen, so war es ausgemacht, mehrere Mails gingen hin und her, das Datum war richtig, der Tag und die Uhrzeit auch, und wir waren pünktlich. Der 2,3 Hektar große Garten am Stadtrand der Hauptstadt von Tortola, einer der britischen Jungferninseln, war umgeben von einer Mauer, bekrönt von einem Gitter mit spitzen Lanzen, wie man es bei manchen englischen Parks vorfindet. Erst 1987 auf dem Gelände des alten landwirtschaftlichen Versuchsgartens angelegt, zeigte die Vegetation wenigstens von außen eine erstaunliche Reife, was nicht überrascht, schließlich wachsen Pflanzen das ganze Jahr über. Die steilen Hänge unmittelbar am Gelände waren alle dicht bewachsen, Bäume über Bäume, geprägt von einem besonders dichten, dennoch leuchtenden Grün, das man

---

[1] *Adresse:* J.R. O'Neal Botanical Garden, Botanic Rd, Road Town, Tortola, British Virgin Islands

fast nur hier, in dieser regen- und sonnenreichen Region, vorfindet.

Wir haben vergeblich nach einer Klingel gesucht, rufen half nichts, es bewegte sich niemand im Garten. Zwei junge Männer, die auf der Veranda des gelblich gestrichenen Hauses gegenüber lässig herumlümmelten, beobachteten unsere Bemühungen mit halb geschlossenen Augen. Nein, sie wussten nicht ob jemand im Garten war, nicht verwunderlich, denn es war fraglich, ob sie überhaupt etwas mitbekamen. Schließlich schwebten die beiden auf ihrer eigenen Wolke. Ein Auto stand, halb vom Bewuchs verdeckt, auf der Zufahrt des Gartens. So konnte man annehmen, dass sich irgendjemand im hübschen bungalowartigen Gärtnerhaus oder in der hintersten Ecke des Gartens aufhielt. Am besten selbst nachsehen, über Zäune klettern ist nicht so schwierig, auch wenn dornige Bodendecker auf der anderen Seite liegen, schließlich hatte die kleine Gruppe einen Gartenbesuch verdient.

Wir hatten die Strecke vom Schiff hierher zu Fuß zurückgelegt, und für manche war es zu viel Lokalkolorit. Auf der Karte schien es keine Entfernung zu sein, Road Town war überschaubar, zwei Hauptstraßen, eine zum Wasser hin, die andere etwa einen Block nach innen liegend, dazwischen Querverbindungen. Verlaufen konnte man sich nicht, und zwanzig Minuten Gehzeit war doch kein langer Marsch. So könnten wir etwas vom Ort erleben. Was ich völlig unterschätzt hatte, war die Reaktion der Gruppe auf das Exotische, das Andersartige, sprich auf Road Town, die doch einen Hauch Shanty Town, sogar etwas von einem Piratennest an sich hat.

Der erste Abschnitt war bescheiden, eine offene Fläche zum Hafen hin, die Main Street, die Parallelstraße zur Küste, und die direkteste Route war gut zu finden. Schöne, bunt gestrichene kleine Holzhäuser in Pfefferminzgrün, Gelb, auch Himmelblau säumten die Straße, jedes versehen mit einem kleinen Vor- oder Seitengarten, gefüllt mit Pflanzen, die sich kaum bändigen ließen und sich über den Lattenzaun drapierten. Hinter dem alten Gefängnis, erkennbar an dem burgunderroten Tor und dem kleinen historischen Schild, wurden die Häuser größer, gar zweistöckig, manche sogar mit Läden wie *Herbal Haven*. Ihre Namen wurden mit handbemalten Schildern mit floralen Motiven angekündigt. Die Stadt war bescheiden, es fühlte sich eher wie Sonntag als Samstag an, aber die Uhren ticken eben anders in der Karibik, Hektik und Gehetze sind hier fremd.

Als der erste riesige, nagelneue SUV vorbeifuhr, änderte sich die Stimmung. Dies war nur der Anfang einer Parade, die man schon lange hörte, ege man sie sah. Pulsierende Töne plärrten aus dem Soundsystem und kündigten den Auftritt an. Hochpoliert mit schwarzen Fenstern, die Fahrer lässig mit einem Arm am offenen Fenster, fuhren sie die Straße entlang. Goldketten, Goldarmbänder und strahlend weiße Zähne, alles gut zu sehen. Man zeigt sich und sein Gefährt der bevorzugten Marke, BMW, Audi, Mercedes und Toyota, eben gerne. Der Kontrast zur eher armseligen Behausung war gewöhnungsbedürftig, ja sogar krass.

In Manchester aufgewachsen, besuchte ich eine Zeitlang eine Klosterschule mitten im berüchtigten Stadtteil Moss Side. Andere Regeln und Hierarchien herrschten dort, und was auf Auswärtige furchterregend wirkte, war dort völlig normal. Sich dort mit seinem *ride*, sprich Auto zu zeigen, gehörte zum Tagesablauf, eine Art Ritual, das sich übrigens auch in London am Sonntag vor Harrods abspielt, wenn die reichen arabischen

Jungs ihre Lamborghinis lüften. Für die Gartengruppe war es jedoch ein sonderbares Erlebnis, das sogar bedrohlich wirkte. Kaum hatten sich die Autos verzogen, spazierten wir an einer Kirche vorbei, die Türen waren sperrangelweit offen, aber drinnen war es leer. Die Kirchengemeinde hatte sich auf dem parkartigen Areal gegenüber versammelt, dort wurden Stühle aufgestellt und von Herren in feinen Anzügen und Damen in besten Kostümen und Kleidern samt Hut herumgeschleppt. Vielleicht war es eine Hochzeit, ein Freilichtgottesdienst, egal was genau es war, jedenfalls für manche in der Gruppe sonderbar.

Kurzum, nachdem ich den Jungs Bescheid gesagt hatte, bin ich über das Gitter gestiegen, habe beim Haus geklopft, einige Mal gerufen, nichts. Was nun? Eines stand nach meinem Spontanbesuch fest, der Garten war sehenswert. Ich hatte zwar eine Telefonnummer von der Verwaltung, aber es war fraglich, ob ein Anruf was nutzen würde, noch dazu war mein Handy in der Karibik nutzlos. Damals konnte man Handys aus Europa nicht ohne Weiteres in Übersee verwenden, die Mobilfunknetze waren noch nicht weltweit vernetzt. Im Vorbeigehen war mir die Polizeistation gleich neben dem Garten auf der anderen Seite der Kreuzung aufgefallen, vielleicht hatten sie die Nummer einer Kontaktperson und würden sogar anrufen? Fragen schadet ja nicht.

Erst als ich die verdutzte Gruppe verlassen hatte und im Empfangsbereich der Polizeistation stand, wurde mir bewusst, wie surreal die Situation war. Die äußerst nette und sympathische Dame an der Rezeption machte tatsächlich eine Nummer ausfindig und rief den Direktor an. Just in dem Moment, als sie mir den Telefonhörer unter der Glasscheibe des Schalters hindurchschob, sodass ich alles weitere besprechen konnte, kamen ihre Kollegen von einem Einsatz zurück. Selten habe ich so gut bewaffnete Polizisten gesehen, Pistolen an jeder Seite, Maschinengewehr umgelegt, Schutzweste und Sonnenbrille. Es war wie in einem Film. Und mein Anliegen war belanglos und nicht Sache der Polizei.

Der Direktor versprach, sofort jemandem zum Garten hinzuschicken und bedauerte es, dass er selbst nicht dazukommen konnte, aber er sei gerade aus der Stadt zurückgekehrt. Eine Führung konnte er nicht anbieten, aber er hoffte, wir würden trotz des Versehens einen guten Eindruck vom botanischen Garten bekommen. Als ich fünf Minuten später, nachdem ich mich bei der Dame bedankt hatte, wieder am Garten war, stand das Tor offen, aber die Gruppe hatte sich reduziert. Es wurde doch für manche unheimlich, ganz so viel Abenteuer wollten sie nicht haben. Schade, denn der botanische Garten, benannt nach Joseph Reynold O'Neal, Geschäftsmann und Chef der National Parks der britischen Jungferninseln, war wirklich vorzeigewürdig

Das rechteckige Grundstück war viergeteilt. Ein Weg verlief gerade vom Eingang auf einen gusseisernen historischen Etagenbrunnen zu und war alleeartig gesäumt von Königspalmen *(Roystonea)*. Hier konnte man sich entscheiden, in welche Richtung man wandern wollte, rechter Hand unter die Pergola, eingehüllt von den blauen glyzinienähnlichen Rispen von *Petraea volubilis* und der delikaten weißblühenden *Thunbergia grandiflora*, oder links zu den höheren Bäumen, deren Spitzen über den Garten ragten. Auch einige heimische Schildkröten waren im Garten untergebracht, und natürlich musste man sie sehen. Die rotbeinigen Urtiere lebten in ihrem eigenen Senkgarten, wie zahlreiche Pflanzen auch beschildert: *(Chelonoidis carbonaria)*; so bestand kein Zweifel, worum es sich handelte.

Für Gartenliebhaber war jedoch der gegenüberliegende Teich ein stärkerer Anziehungspunkt. Beschattet durch eine Frangipani *(Plumeria rubra)* mit herrlich duftenden, fast pfirsichfarbenen, wachsartigen Blüten und markantem, dunkelgrünem Laub hätte die Szene einem Gemälde von Paul Gauguin entsprungen sein. Die Wasserfläche war nur partiell zu erkennen, frischgrüne Wasserpflanzen waren in der Überzahl, der Umriss jedes Blattes erkennbar. Großblättrige Gehölze bogen sich über das Wasser, und im Hintergrund erkennbar war ein Gerippe aus Holz. Solchen Bauwerken, Schattenhäusern für Orchideen, begegnet man öfter in der Karibik. Im Gegensatz zu Glashäusern in Europa schützen sie hier die Pflanzen nicht vor Kälte, sondern vor dem grellen Licht und sorgen für Luftzufuhr, um ähnliche Bedingungen wie im Regenwald zu erzeugen.

Wir sind zwar auf Kuba vielen tropischen und subtropischen Gehölzen begegnet, aber hier war die Chance, sie in einer Gartenumgebung besser kennenzulernen. Riesige Banyan-Bäume *(Ficus citrifolia)*, offensichtlich Überbleibsel einer früheren Anpflanzung, füllten die hintere Ecke des Gartens, ihre Stämme waren so mächtig, dass man sich fast klein wie eine Ameise vorkam. Hier war in der Tat ein Mini-Regenwald nachgebildet, in Anlehnung an die Sage Mountain Park auf der Insel. Die Verflechtung von der Botanik mit dem Gärtnerischen ist dem guten Geist des Gartens, Margaret Barwick, der Ehefrau des früheren britischen Botschafters, zu verdanken. Als begeisterte Gärtnerin war sie maßgeblich für die Gründung des botanischen Gartens verantwortlich, der sich der langjährigen Tradition von Anlagen auf den Karibischen Inseln verpflichtet sah, die zugleich wissenschaftliche wie öffentliche Zwecke erfüllen sollte.

Bestechend war die Gruppierung der Pflanzen innerhalb der offenen Rasenflächen, die jedoch nicht aus nordeuropäischen, feinen, dichtwüchsigen Grasarten bestanden, sondern aus flachem, kriechendem, breitblätterigem Bahia-Gras *(Paspalum notatum)*. Diese Lichtungen, stets vom Weg ausgehend, waren wichtig, um aus einem gewissen Abstand die vielseitigen Töne des Blattwerks und die brillanten Farben der Blüten wahrnehmen zu können. Manches, wie die grün-burgunderfarben panaschierte Buntnessel *(Coleus* Syn.: *Solenostemon)* und die dunkelpurpurfarbenen, länglichen Blätter der »Fingernagel-Pflanze« *(Neoregelia spectabilis)* mit ihren knallpink gefärbten Spitzen, beide gerne als Bodendecker verwendet, waren zwar für unsere Augen gewöhnungsbedürftig, hier jedoch absolut passend.

Der Garten ist eine Anlaufstelle für Mitglieder der örtlichen Gartenclubs, dort werden Pflanzenbörsen abgehalten und auch Schulklassen unterrichtet und herumgeführt. Die Wandmalerei an der Seite des »Klassenzimmers«, das Trompe-l'œuil eines mit Blumen gefüllten Gartens mit mittigem Etagenbrunnen, war besonders reizvoll. Diese Traumvorstellung des Gartens war nicht so weit entfernt von der Wirklichkeit.

Der Rückweg war nunmehr vertraut und nicht mehr so aufregend, denn der Garten hat bei der ganzen Gruppe für eine gewisse innerliche Ruhe gesorgt. Bunt ist beliebt in Road Town, die Kombinationen sind gewagt und auffallend, aber kaum etwas könnte mit dem in Purpur und Türkisblau gestrichenen Haus konkurrieren, in dem Serendipity Books[2] untergebracht ist. Es war vielleicht auch das Schicksal, das uns dorthin führte, denn

---

[2] 151, Main St, Road Town, British Virgin Islands

hier gab es die beste Auswahl an Gartenbüchern der Karibik. Erstaunlich! Es gab Titel, die ich längst gesucht hatte, Bestimmungsbücher über Palmen wie über tropische Gehölze samt deren Verwendung, auch amerikanische Gartendesignbücher von namenhaften Autoren. Das Beste jedoch war die Buchhändlerin selbst, ein Fundus an Informationen und guten Tipps.

Dunkelhaarig, sehr attraktiv, von nicht schätzbarem Alter, charakteristisch für die Generation aus der Hippiezeit, die ihren Traumplatz gesucht und gefunden hat, war sie selbst ein Gartenfan und fragte, was wir noch anschauen würden und ob der botanische Garten von St Vincent[3] auf dem Programm sei. »Da müssen Sie hin, der sogenannte Orchideen-Kaktus blüht gerade, also die Königin der Nacht. Das passiert nur alle zehn Jahre, ist ein Ereignis, der Botanische Garten sperrt nachts extra auf!« Sie kam ins Schwärmen und zeigte uns ein Foto der Blume: »Es gibt auch viel mehr hier auf Tortola zu sehen. Man darf sich nicht von dem piratenhaften Erscheinen irritieren lassen.« Mit einem Lächeln fuhr sie fort: »Die schnellen Motorboote werden schon für Illegales eingesetzt, aber im Allgemeinen geht hier alles friedlich zu.«

Die Antwort auf die Frage, weshalb es so viele und so teure, neue Autos auf der Insel gäbe, bekam ich erst, als ich wieder zurück in England war. Die Eltern einer Freundin meiner Tochter hatten sich aus steuerlichen Gründen ein Haus samt Garten auf einer der Nachbarinseln von Tortola gekauft. Als ich den Preis hörte, leuchtete mir ein, woher das Geld für die Autos kam. Die

---

[3] www.botanicalgarden.gov.vc/botanicalgarden/
Adresse: Botanical Gardens, New Montrose, Kingstown, St. Vincent and the Grenadines

Einheimischen machten ihr Geschäft mit Immobilien und Baugrundstücken. Die britischen Jungferninseln sind nicht nur eine Oase für Gärten, sondern auch ein Steuerparadies.

Nachtrag: Paradies verstört

Hurrikan Irma hat auf seinem zerstörerischen Weg durch die Karibik das tropische Paradies von Tortola und die Hauptstadt Road Town verwüstet. Die Bilder[4] sind erschreckend, auch die von Joseph Reynold O'Neals Botanischem Garten, die Gitter sind verbogen, die noch verbliebenen Bäume kahlgeschoren, überall liegen Teile herum, nichts ist wie es war. Der Garten soll wieder aufgebaut werden, wir können wenig tun, nur, wie der National Parks Trust of the Virgin Islands über Twitter bittet: »Helft uns, Hoffnung und Kraft zu bewahren. Helft uns, an die guten Zeiten zu erinnern.«

---

[4] www.facebook.com/NPTVI/

Die Überlebenskünstler von Bonaire

Wanderschuhe sind ein Muss. Yvonne, meine Kontaktperson beim Bonaire Destination Service, hatte es mehrmals in ihren Mails betont. Während der Vorbereitung der Reise hatte ich diese Warnung noch für etwas übertrieben gehalten, jetzt aber, während ich versuchte, einen Kaktus-Dorn aus einer Schuhsohle zu entfernen, musste ich meine Meinung revidieren. Und dabei trug die Betroffene noch nicht einmal Turnschuhe mit dünnen Sohlen, sondern Wanderschuhe. Jedoch waren diese eher für die Voralpen geeignet, nicht aber für Extremlagen wie hier auf Bonaire.

Die Insel, Teil der ABC-Inselgruppe, zu der neben Bonaire auch Aruba und Curaçao gehören, liegt 80 Kilometer von Venezuela entfernt und ist in jeder Hinsicht ein Sonderling. Sie ist landschaftlich, klimatisch und kulturell anders als alle anderen Karibik-Inseln; mehr Wüste als tropisches Paradies, heiß, trocken und windig. Wer auf Bonaire lebt, egal ob Pflanze, Tier oder Mensch, ist zäh und weist eine große Anpassungsfähigkeit auf.

Während die auf Aruba und Curaçao lebende Bevölkerung 1948 die Unabhängigkeit von den Niederlanden wählte, wollte Bonaire den Status quo nicht ändern. Diese Insel, 7752 Kilometer von Den Haag entfernt, gehört deshalb seitdem zusammen mit den Inseln Sint Eustatius und Saba zu den Niederländischen Antillen, seit deren Auflösung 2010 wird sie als Besondere Gemeinde der Niederlande bezeichnet. Dass die Insel Beständigkeit gewählt hat, ist nachvollziehbar. Fast jede europäische Macht, angefangen von den Spaniern im 15. Jahrhundert, hatte irgendwann einmal in der Geschichte die Herrschaft über diese 39 Kilometer lange Insel. Dabei ging es in der Regel nicht darum, wie es auf der Insel aussah oder wer dort lebte; wichtig war nur, die Flagge des jeweiligen Landes dort zu hissen, um damit einen Herrschaftsanspruch in der Karibik zu haben und die Gewässer zu kontrollieren. Es ist heute kaum vorstellbar, aber zwischen dem 17. und 19. Jahrhundert waren die karibischen Inseln wichtige Wirtschaftszentren für den Handel mit Zucker, Salz und Gewürzen. Heute ist davon nicht mehr viel zu spüren, die Inseln sind vor allem als Urlaubsziele gefragt.

Und so fahren anstelle großer Handelsschiffe heute große Kreuzfahrtschiffe Bonaire an. Die Hauptstadt Kralendijk ist klein, rustikal und überschaubar; es gibt keine großen Hotels, geschweige denn Einkaufszentren. Sieht man ein Schiff am Horizont, eilen die Geschäftsleute zu ihren Läden, und bis die ersten Besucher die Insel erreichen, sind die Läden aufgesperrt und alles ist hergerichtet. Die MS »Deutschland« lag schon vor dem Frühstück am Pier und hatte die Stadt mehr oder weniger überrascht. Mit nur 400 Passagieren an Bord waren wir ein kleiner, wenn auch eleganter Fisch an der Angel. Ein ganztägiger Aufenthalt vor Ort war vorgesehen, und so hatten wir viel Zeit, niemand war in Eile. Nach Aufenthalten in den belebten Häfen von St. John's auf Antigua und Castries auf St. Lucia, wo man das Gefühl hatte, die Kreuzfahrtschiffe, eines größer als das andere, würden sich im Stundentakt abwechseln, tat es der Seele gut, allein zu sein.

Nicht nur Kralendijk, sondern die ganze Insel ist überschaubar, denn mit Ausnahme des 235 Meter hohen Mount Brandaris im Norden ist sie im wahrsten Sinne des Wortes flach. Vom Lidodeck, sprich: der neunten Etage unseres Schiffes aus, bietet sich ein prächtiger Rundblick auf den Norden und Süden der Insel, denn die Hauptstadt Kralendijk liegt etwa in der Mitte. Es ist schwierig, sich vorzustellen, dass diese Insel jemals bewaldet war. Zierpflanzen, gar Palmen wachsen in den Gärten der Stadt, Straßenbäume verzieren die Promenade, aber sogar vom Schiff aus ist erkennbar, dass hier ausschließlich Trockenvegetation gedeiht, ähnlich wie auf den südlichen Mittelmeerinseln. Abholzung und Wildziegen haben über die Jahrhunderte dafür gesorgt, dass Bäume eine Seltenheit sind; dafür dominieren Dornbüsche und Kakteen.

Die Bevölkerung hat es schwer, denn zudem schafft es der Regen, der weiter östlich liegende karibische Inseln beglückt, selten bis hierher. Früher gab es Plantagen und damit für die Menschen auch die Hoffnung, dass man mehr als nur seinen Lebensunterhalt erwirtschaften könnte. Man versuchte, Zuckerrohr anzubauen, ebenso Bananen, aber beides erwies sich als Misserfolg. Das Einzige, was sich verwerten ließ, waren Bäume, Salz und Aloe. Als das Holzvorkommen erschöpft war, wurden ganze Bereiche der Insel ihrem Schicksal, der Natur und den Wildziegen überlassen.

Jerry C. Ligon, unser Guide auf Bonaire, hatte uns gleich zu Beginn unserer Tour durch den Washington Slagbaai National

Park[1] im Nordwesten der Insel mit einer Fülle an Informationen zu den Kakteen versorgt. »Achtet darauf, wo die Dornen sind.« Er meinte damit eigentlich die Anordnung der Dornen am Stamm, um die verschiedenen Kakteenarten zu bestimmen, aber sein Ausspruch begleitete uns während des ganzen Ausflugs. Jerry[2], der ursprünglich aus den USA stammte und 2015 plötzlich starb, war als örtlicher Vogelkundler auf Bonaire im Park zuständig für die Bestandsaufnahme der Zugvögel, aber auch der heimischen Vögel. Er hat mehrere Bücher[3] zum Thema geschrieben und war eine Koryphäe auf seinem Gebiet. Seine Leidenschaft galt zudem der Ökologie, insbesondere den Wechselwirkungen von Vegetation, Geologie und Klima, die sich in der einzigartigen Landschaft von Bonaire zeigen.

Wir hatten uns für eine Wanderung auf dem 3,7 Kilometer langen Lagadishi-Rundwanderweg entschieden, der vom ehemaligen Plantagenhaus, hoffnungsvoll »Amerika« genannt, über das Korallenplateau zur Küste und zurück führte. Zunächst ist es schwierig, überhaupt etwas in der Landschaft zu erkennen, für ungeschulte Augen sieht alles gleich aus: Gestein, Gestrüpp und Kakteen noch und nöcher. Man hört Vogelstimmen, sieht sie aber nicht. Erst wenn die Augen sich an die Landschaft und die Umgebung gewöhnt haben, kann man die Tiere erkennen: den einem Geier ähnlichen Karacara *(Caracara cheriway)* hoch oben auf einem Kandelaber-Kaktus oder den kleinen rötlichen

---

[1] www.stinapabonaire.org/washington-slagbaai/

[2] www.youtube.com/watch?v=R1dKGxIFczA

(Jerry Ligon in Aktion, wie wir ihn erleben durften)

[3] Jerry C. Ligon, *The Bonaire Bird Guide to the Washington Slagbaai National Park*, STINAPA, 2013

Spatz, der auf einem dornigen Zweig zwischen den Agavenblüten balanciert.

Während wir nach weiteren Vögeln Ausschau hielten, wurde uns deutlich, dass das dornige Gebüsch vielseitiger ist, als wir zunächst angenommen hatten. Die kleinblättrige, gelb blühende, gewundene Akazie *(Acacia tortuosa)* drückt sich am Boden entlang, während baumhohe Kakteen in die Höhe ragen. Der Kandalaber-Kaktus *(Stenocereus griseus)* hat kurze, kräftige Dornen und runde, rote Früchte, die Kadushi *(Cereus repandus)* hingegen haben baumartige Stämme, die mit länglichen Dornen versehen sind. Die Früchte beider Kakteen sind, genauso wie auch die des Feigenkaktus *(Opuntia polyacantha)*, der überall wächst, essbar und eine wichtige Nahrung für Vögel, Ziegen und Menschen. Während diese Pflanzen in die Höhe streben, krallen sich die niedrigen Türkenhutkakteen *(Melocactus intortus)* mit ihren markanten bräunlichen, abstehenden Dornen wie kleine Stachelkugeln am Boden fest.

Genauso wie die Vegetation hielt auch das Gestein Überraschungen für uns bereit. Dieses Gestein ist übersät mit Löchern, die tief ins Innere reichen, und es sieht zerbrechlich und bröselig aus; ein vorsichtiger Test zeigte uns jedoch, dass es hart, kantig und scharf ist. Tatsächlich handelt es sich um ein ehemaliges Korallenriff, und dessen Beschaffenheit ist auch der Grund, weshalb zum einen Bergschuhe empfohlen werden und zum anderen gute eineinhalb Stunden für die streckenmäßig eher kurze Wanderung zu veranschlagen sind. Hochgeschoben an die Oberfläche durch den Druck eines unterirdischen Vulkans ist dieser Geländeabschnitt eine geologische Besonderheit. Bis zu 30 Meter stark, wirkt das Korallenfeld wie eine riesige Versteinerung, die Umrisse der Gänge erschienen wie feine Zeichnungen auf dem Gestein.

Beim Anblick dieser dunkelgrauen Landschaft fragt sich jeder, wie man auf die Idee kommen kann, hier Landwirtschaft zu betreiben. Aber die Spuren sind da: eine alte Natursteinmauer, erbaut 1860 und 1940 erhöht, um Kühe einzufrieden; ein Wasserbecken, gespeist aus einer Quelle, die in den 1960er-Jahren versiegt ist. Wie bei einer Wanderung durch mooriges Gebiet muss man auch hier wissen, wo man sicher gehen kann. Größere Steine, aufgehäuft in regelmäßigen Abständen beidseits der Trasse, die sich endlos bis zum Horizont hinzuziehen scheint, geben die Route vor.

In dieser stillen Landschaft sind auch wir still, jeder konzentriert sich auf den Weg und das, was unter seinen Füßen liegt. Kleine, polsterartige Türkenhutkakteen lauern überall in den Dellen des Gesteins und in den Ritzen. Plötzlich ändert sich der Boden: wir stehen auf Sand, das Meer rauscht und donnert gegen die Felsen des Riffs und Wasser schießt vor unseren Augen in Fontänen in die Höhe. Immer wenn eine Welle besonders groß und kräftig ist, schiebt sie das Wasser durch die Gänge des Gesteins, sodass es oben auf dem Plateau aus dem Boden schießt. Blowholes, auf deutsch Blaslöcher, nennt man diese Naturspektakel, die besonders imposant auf der Ostküste von Barbados sind, wo die volle Kraft des Atlantiks gegen das Festland prallt. Hier auf Bonaire und im Kontext der trockenen Landschaft ist die Gischt eine wunderbare, wenn auch salzige Erfrischung.

Eine kurze Rast tat uns allen gut, auch wenn die Sonne brannte und die Landschaft in der Hitze flimmerte. Mit gespannter Aufmerksamkeit beobachteten wir den Rhythmus der

Wellen, denn jeder von uns wollte die Naturfontänen vor dem azurblauen Meer im Foto festhalten. Jerry machte uns auf einen burgunderroten, niedrigen Bewuchs aufmerksam: Porticulata, der volkstümliche Name der Wildform von *Portulaca,* mit ihren dicken, fleischigen burgunderfarbenen Blättern, ist nahrhaft, wenn auch salzig, und wird auf Bonaire als eine Art Salat gegessen. Nach und nach entdeckten wir, dass auch der Sand noch weitere Überraschungen barg. Hier wie in anderen Abschnitten der Wanderung waren uns lange Spuren auf dem Boden aufgefallen, so als ob jemand zu kehren angefangen, dann aber aufgegeben hätte. Erst auf Jerrys Hinweis hin entpuppte sich einer der auf dem Sand liegenden Gesteinsblöcke als ein Leguan, der so gut getarnt war, dass nur sein türkisfarbener Schwanz in der Sonne schimmerte. Und plötzlich, als hätten wir gerade erst das Sehen gelernt, entdeckten wir sie überall.

Wir hatten den Aussichtspunkt erreicht: unser Blick fiel auf eine Gruppe Flamingos auf dem Saliña Matijs, einem Salzsee, umgeben von Mangroven, deren grüne Blätter einen ungewöhnlichen Anblick in der Trockenlandschaft bieten. Die Flamingos waren mit dem bloßen Auge nur als rosafarbene Punkte erkennbar. Nicht zum ersten Mal wünschte ich mir, ich hätte ein Fernglas mitgebracht! Die Jungen am Strand an der Playa Chikitu konnte man dagegen ohne Hilfsmittel gut erkennen, das Schild »Baden verboten, Vorsicht Unterströmung« auch.

Der Weg zurück führt nur abschnittsweise über das Korallenriff; die Vegetation ist dichter, Braun und Ocker sind die vorherrschenden Farben, unterbrochen vom Olivgrün der Kakteen und den hohen Blütenständen der Agaven. Binnen kurzer Zeit hatten wir wieder festen Boden unter den Füßen, da tauchten

Wildziegen vor unseren Augen auf. Die ersten Siedler hatten sie vor mehr als 400 Jahren mitgebracht, heute sind sie eine Plage. Nur die lebenden Zäune aus Yatu-Kaktus *(Stenocereus griseus)* halten sie fern. Es gibt immer wieder Versuche, die heimischen Bäume wie Oliba, Kalbas und Watekeli im Washington Slagbaai National Park wieder einzuführen und manchmal, wie um das alte, bescheidene Plantagenhaus herum, gelingt es. Es ist ein Anfang, denn mit diesen Bäumen möchte man den Lebensraum für die heimischen Vögel sichern. Auf Bonaire misst sich der Erfolg im Kleinen; jede Pflanze, jeder Vogel ist ein Überlebenskünstler.

Mit Elon unterwegs: Achterbahnfahren auf St. Lucia

»Michael Schumacher!« Mit einem Grinsen drehte sich Elon, der Chauffeur, zu uns um und deutete mit einer Hand auf die vor uns liegende Kurve. Den ängstlichen Blicken und bleichen Gesichtern nach zu schließen, war niemand im Kleinbus erfreut, den Namen des berühmten Rennfahrers in dieser Situation zu hören. Die Landschaft flog vorbei, die Vegetation verschmolz zu einem grünen Brei. Es war eine beachtliche Leistung des Fahrers, denn bei den zahlreichen Serpentinen, die sich den Berg hochschlängeln, hätte man normalerweise das Fahrtempo verringern müssen. Nicht aber auf St. Lucia. Auf der der Insel, wo ebene Flächen kaum vorhanden sind, lernt man von jung auf, die kurvenreichen Straßen zu meistern.

»Mama, du musst etwas unternehmen, schau, wie grün wir sind, auch Jana. Mir ist ganz schwindlig«, flehte mich meine Tochter an, die mit von der Partie und das jüngste Mitglied der »Gartenzwerge« war. Dass die Reise spannend sein würde, wusste sie schon, aber nicht, dass sich alles drehen würde. Bei jeder Kurve fielen alle auf eine Seite, um sich nur kurz aufzurichten, bis die nächste Kurve kam. Es war schlimmer als Seegang. Nur die ältere Dame in der hintersten Reihe hatte Spaß an Elons Fahrkünsten und kommentierte fröhlich: »Ist doch wie Achterbahnfahren!«

Wir hatten den ersten Garten, den botanischen Garten an den Diamond Falls[1], besucht und waren auf dem Weg zur Fond Doux Plantation im Süden der Insel. Der Hintergedanke bei unserem Ganztagsausflug war, den Massentourismus nach Möglichkeit zu meiden und uns auf die einzigartige Landschaft und das ursprüngliche Flair von St. Lucia zu konzentrieren. Die erste Dreiviertelstunde in den Diamond Falls Botanical Gardens war ein Genuss gewesen. Wir hatten den Ort für uns, konnten durch das Tal schlendern, die zahlreichen blühenden Pflanzen, Ingwerlilien, Hummerscheren, Ixora, auch als Dschungel-Geranien bekannt, Bougainvillea und mehr bewundern, die Stimmung genießen und in Ruhe Fotos knipsen, sogar am berühmten Diamond-Wasserfall. Die Färbung des Gesteins, Gelb mit schillerndem Blau, durchwebt von Brauntönen, war faszinierend, das Wasser rauschte herunter und spritzte in feinen Strahlen in die Umgebung. Da die Sonne von der Seite schien, war es zauberhaft. Nicht einmal der markante Schwefelgeruch, Schwefel ist der Grund für die einzigartigen Farbtöne der Naturwunder, konnte diesen besonderen Moment stören.

Die Soufrière-Plantage, Teil des UNESCO-Weltkulturerbes der Pitons, wird seit dem Ende des 18. Jahrhunderts wegen der therapeutischen Wirkung ihrer Schwefelquellen aufgesucht. Das weitläufige Areal wurde 1713 von Ludwig XIV. der Familie Devaux in Anerkennung geleisteter Dienste überschrieben, als St. Lucia eine französische Kolonie war. Gewürze, Kakao und andere karibische Erzeugnisse waren damals kostbar, erzielten

---

[1] www.diamondstlucia.com
Adresse: Diamond Falls, Soufriere Estate, Soufriere, St Lucia, West Indies

Höchstpreise, und so war eine solche Schenkung weit mehr als nur eine Ehre. Heute wirft die Plantage nicht mehr den gleichen Gewinn ab wie früher, und so musste man nach anderen Einkommensquellen suchen.

Der Tourismus, vor allem das aufblühende Geschäft mit Kreuzfahrtschiffen, war die Rettung der Plantage. 1983 beschloss die jetzige Besitzerin, Mrs. Joan Devaux, das Areal rund um den Diamond-Wasserfall in einen 2,4 Hektar großen Garten zu verwandeln. Die malerische Lage im Tal mit einem Fluss und bewaldeten Hängen bot die besten Voraussetzungen für ihr Vorhaben. Ich hätte von der Größe des Parkplatzes her ahnen müssen, wie es hier zugehen kann. Die MS »Deutschland« legte an diesem Morgen etwas später als geplant in der Hauptstadt Castries an. Ein amerikanisches Schiff hatte sich vorgedrängt, und da es um einiges größer war, war klar, wer den Vorrang hatte. Dass alle Passagiere ihren Weg zum Garten finden würden, hatte ich für unwahrscheinlich gehalten, aber auf unserem Weg zu dessen Ausgang musste ich die Luft anhalten. Wie Heuschrecken fielen die Massen über den Garten her. Nur gut, dass wir auf die Seitenwege ausweichen konnten, der Hauptweg war unpassierbar. Aber selbst dort war es unmöglich, die Invasion zu ignorieren, der Geräuschpegel war erschreckend. Die Guides brüllten in ihre Mikrophone, einer übertönte den anderen, alles verschmolz zu einem lauten, ohrenbetäubenden Stimmgewirr. Die paradiesische Stimmung war zerstört.

Nach diesem Erlebnis waren wir anfangs froh, dass Elon Gas gab. Wir wollten nur weg und den Garten so in Erinnerung behalten, wie er zu Beginn unseres Besuchs gewesen war. Noch dazu hatten wir die Befürchtung, dass die zahlreichen Omnibus-

se den gleichen Weg wie wir einschlagen würden, nämlich zur
Fond Doux Plantation[2] im Süden der Insel. Diese Ängste legten
sich beim Anblick der engen, kurvenreichen, steilen Straße. Die
Hänge schienen fast senkrecht zu sein, und die Ausblicke, sie
waren in der Tat atemberaubend. Das war die Chance, Elon zu
bremsen, um gemütlicher zu fahren, denn wir alle wollten diese
einmaligen Szenen auf uns wirken lassen.

Als ob er unsere Bitte gespürt hätte, verminderte er das Fahrtempo. Wir fuhren an den Pitons vorbei, den Wahrzeichen von
St. Lucia. Die zwei steilen Vulkankegel Gros Piton und Petit
Piton waren in der Realität noch imposanter als auf den Werbefotos, die man oft von der Insel sieht. Das satte, saftige Grün des
Regenwalds war atemberaubend. Für ungeschulte Augen ist es
unmöglich zu erkennen, wo hier die Kulturlandschaft sein soll.
Aber dann sahen wir sie, die Bananenfelder am Straßenrand,
kleine, aus dem Wald geschlagene Parzellen. Wo die Straßenver-
käufer ihr übriges Obst herhatten, war ein Rätsel. Die Antwort
darauf erhielten wir in der Fond Doux Plantation, dem zweiten
Ziel unseres Ausflugs. Sie geht zurück auf das Jahr 1745 und
ist eine der ältesten Plantagen der Insel, die noch bewirtschaftet
werden. Heute gilt sie als Vorzeigeobjekt, eine historische Anlage, betrieben nach ökologischen Gesichtspunkten, in der es gelungen ist, Tourismus, Denkmalpflege und Landwirtschaft auf
einfühlsame Weise zu verbinden.

Auf der Fond Doux Plantation haben einige Bauten noch
ihre ursprüngliche Funktion, etwa das niedrige, lange, scheu-

---

[2] www.fonddouxestate.com
Adresse: Fond Doux Plantation & Resort, Soufriere, Saint Lucia, West Indies

nenartige Trockenhaus mit den überdimensionierten, flachen Schubladen, die herausgezogen werden, um die Kakaobohnen nach der Fermentierung in der Sonne zu trocknen. Regnet es, was in den Subtropen täglich der Fall sein kann, können die Schubladen schnell zugeschoben werden. Während viele Gäste sich fast ausschließlich für die Kakaoproduktion interessierten, wollten wir die Kakaobäume sehen und auch, wie es den Besitzern gelungen ist, eine Hotelanlage in eine Plantage zu integrieren. Die neu errichteten fünfzehn Cottages der Hotelanlage sind geschickt und harmonisch in das Anwesen integriert, als ob sie immer schon da gewesen wären. Ihre Bauweise steht im Einklang mit der Architektur der Region, nämlich Holzbretterbau mit Laubsägeverzierung, alles bunt angestrichen, dazu vorgelagerte Veranden und kleine Vorgärten, eingefriedet mit weißen Lattenzäunen. Es entsteht der Eindruck einer kleinen Siedlung inmitten eines wunderbaren, abwechslungsreich bepflanzten tropischen Gartens.

Besonders faszinierend war es für uns zu sehen, wie hier Kulturpflanzen angebaut werden. Aus Europa kommend, sind wir daran gewöhnt, Obstbäume artenweise im Raster, Reihe an Reihe im gleichen Abstand auf freiem Feld gepflanzt zu sehen. Hier sind die Arten nicht nur gemischt, sondern sie wurden wie Unterholz im Schatten der hochragenden Bäume gesetzt. Muskat steht neben Kakaobäumen und Limetten, Vanille, eine Schlingpflanze, wächst an den Bäumen oder an Pergolen hoch. Was in unseren Augen als Durcheinander erscheint, ist hier fachmännisch angeordnet.

Cordelia, ein junges, burschikoses, anfangs schüchternes Mädchen, führte uns durch die Anlage. Zuerst dachte ich, sie sei vom Restaurant schnell als Guide eingeteilt worden, denn sie war mit schwarzem Rock, weißer Bluse und schwarzer Weste bekleidet, alles sehr dünn, leicht abgetragen und glänzend, als hätten die Kleider mehrere Besitzer erlebt. Alle Vorbehalte legten sich bald, denn sie war wirklich gut, kannte sich aus und wuchs in ihre Rolle hinein. So stellte sie uns einen Baum nach dem anderen vor, die markanten, riesigen, gerippten Schoten der Kakaofrucht, in der die weißen Bohnen im weißen Fruchtfleisch eingebettet sind. Sie zeigte uns, wie Muskatnüsse in ihrem Aufbau wie russische Puppen sind, mit einer Außenhülle, dann innen die rote, netzartige Ummantelung des Macis-Gewürzes, dann die Schale und im Innersten die Muskatnuss, die wir benutzen. Das Mädchen flitzte zwischen den Bäumen umher und blieb immer wieder stehen, um uns etwas zu zeigen. Ganz allmählich lernten wir die Bäume kennen, vieles war so fremd, dass man es auch schnell vergaß, aber einiges prägte sich doch ein.

Für gewöhnlich habe ich einen guten Orientierungssinn, aber unsere Route führte mal nach links, dann wieder nach rechts, den Hang hinauf, den Hang hinunter, stets durch dichte Vegetation, wo ab und an ein Cottage zu sehen ist. Ohne Cordelia wären wir verloren gewesen, und zu schätzen, ob wir nur einen oder gar fünf Hektar der insgesamt 54,6 Hektar großen Anlage besichtigt hatten, war unmöglich.

Ganz anders als zu Beginn unseres Ausflugs passte Elon auf der Rückfahrt zum Hafen vom Castries nicht nur seinen Fahrstil an, sondern unterbreitete uns Vorschläge. Er hielt immer wieder an, mal am Aussichtpunkt auf die Pitons, kurz im kleinen Fischerort Canaries, mal oberhalb des Naturhafens von Marigot Bay, wo es in Strömen regnete. Kaum einen Kilometer weiter schien jedoch die Sonne. Als Extrabonus zeigten uns Elon und Jana den Blick auf den Hafen von Castries. Beeindruckend, aber auch beängstigend lagen um die fünf Kreuzfahrtschiffe in beachtlicher Größe an den Piers. Dazwischen war, wie ein Beiboot, die MS »Deutschland« zu erkennen. Was für ein Glück, dass wir nach dem ersten Halt keinen Ausflugsbussen mehr begegnet waren und daher die malerische Insel für uns hatten.

Reisen bieten zwar eine Chance, Neues und Fremdes kennenzulernen, aber sie sind auch wichtig, um den Wert von Dingen, die wir für selbstverständlich halten, neu zu erkennen; dazu gehört Mineralwasser. Wie immer hatten wir auch auf dieser Exkursion Plastikflaschen mit stillem und sprudelndem Wasser dabei, die während des Ausflugs unter der Gruppe verteilt werden. Es ist für mich eine Selbstverständlichkeit, unseren Guides auch etwas anzubieten, und so haben wir Jana eine Flasche gereicht. Meine Tochter hat dies bis heute nicht vergessen. Es war, als ob wir Jana kostbaren Champagner angeboten hätten, denn es war das erste Mal, dass sie Mineralwasser trank. Und so war es uns eine Freude, sie mit einer weiteren Flasche Mineralwasser aus dem Harz zu versorgen, damit auch ihre Tochter diese Köstlichkeit kennenlernen konnte.

Jana hatte uns auf angenehmste Art und Weise begleitet, von ihrer Insel erzählt, uns aber auch die Chance gegeben, die Stimmung aufzunehmen, ohne mit Fakten und Daten überhäuft zu werden. Auch sie hatte sich mit uns wohlgefühlt und wollte zum Abschied noch wissen, ob wir eine Familie seien, es sei so harmonisch und lustig mit uns gewesen. Wir freuten uns über diese Einschätzung, die zudem nicht ganz falsch war: Per Zufall hatten sich auf dieser Reise zwei Kusinen getroffen, die, lange Jahre durch die Grenze zwischen Ost- und Westdeutschland getrennt, nun gemeinsam auf Gartenreise waren.

Zurück an Bord, trafen wir den Geschäftsführer der Reederei Deilmann, er sah blass, sogar grün aus. Er hatte sich einen Ausflug zu einem besonderen Restaurant mit einem herrlichen Ausblick gegönnt, aber die Fahrt! Die Reifen hatten geraucht! Auch er war von einem Schumacher-Fan gefahren worden, der sich gefreut hat, zeigen zu können, wie ein echter Insulaner fährt. So schnell werden wir St. Lucia nicht vergessen.

Wüstenrosen und bellende Hunde:
Die Privatgärten des Gartenclubs von Antigua

So viel Schlamm habe ich selten erlebt. Am Vorabend unseres Besuchs hatte es kräftig geregnet. In St. John's, der Hauptstadt von Antigua, war alles längst wieder trocken, aber auf dem Land, wo früher Zuckerrohr angebaut worden war, sah die Sache anders aus. Der erste Abschnitt des Feldwegs war noch befahrbar gewesen, ohne dass es irgendwelche Anzeichen gegeben hätte für das, was uns bei der Fortsetzung der Strecke erwarten würde; aber nun war es fraglich, ob unser Kleinbus sein Ziel jemals erreichen würde. Barbara Japal, die Vorsitzende der Antigua/Barbuda Horticultural Society[1], hatte mir präzise Instruktionen geschickt, wo wir abbiegen sollten und was uns als Wegweiser dienen könnte, denn selbst Einheimische tun sich schwer, ihr Anwesen Lindsay Hill bei Pares zu finden. So wussten wir immerhin genau, bei welchem Holzpfosten wir abbiegen mussten und dass wir nach etwa einer Meile durch den Wald das Anwesen erreichen würden.

Alle waren angespannt, denn mehr schlitternd als fahrend bewältigte der Kleinbus das schwierige Wegstück. Dann stieg das

---

[1] www.antiguahorticulture.com

Glände an, der Boden wurde trockener, das Gebüsch dichter, und nach kurzer Zeit fuhren wir auf einen Metallzaun samt Tor zu. Fast magisch öffneten sich die Torflügel, und ein parkartiges Areal mit einem nicht zu übersehenden Hundezwinger auf der rechten Seite breitete sich vor uns aus.

Hunden waren wir bereits am Vormittag bei Evelyn, einem Mitglied des örtlichen Gartenclubs, begegnet. Sie bellten und warfen sich gegen das Tor, als wir ankamen, und beruhigten sich erst, als die zierliche Hausherrin aus dem Bungalow trat. Ganz so friedlich scheint es nicht zuzugehen am Rande von St. John's. Irgendwie überraschten mich daher die Hunde nicht. Die Hauptstadt von Antigua hatte frühmorgens, als wir losfuhren, keinen vertrauenerweckenden Eindruck auf mich gemacht. Ich spürte eine gewisse Verunsicherung. Zu viele junge Männer hingen an den Straßenecken herum, verfolgten mit leicht gesenktem Kopf das Geschehen, braune Hunde undefinierbarer Rassen schnüffelten in den Mülltonnen herum, paradiesisch geht es hier offensichtlich nicht immer zu.

Evelyn hatte sich bereit erklärt, uns ihren Garten zu zeigen. Es war eine großzügige Geste, die uns einen völlig anderen Eindruck von der Insel vermitteln sollte. Evelyn war mit ihrem Mann von der benachbarten Antilleninsel Grenada nach Antigua übergesiedelt, als dieser aus beruflichen Gründen dorthin versetzt wurde. Die Einwohner von Grenada sind stolz auf ihre Gärten, eine Leidenschaft, die man auch bei Evelyn deutlich spürte. Wüstenrosen *(Adenium)* zählen zu ihren Lieblingspflanzen und sind in ihrem Garten zahlreich vertreten, viele davon selbst gezüchtet oder von anderen Clubmitgliedern im Tausch erworben. Es sind sonderbare Pflanzen, ein Gegensatz in sich: eine zarte, fast papierdünne

Blüte in feinen rosa bis roten Tönen, oft zweifarbig, an einem stacheligen graugrünen Stamm mit winzig kleinen Blättern.

Der Vorgarten ist in prall gefüllte Inselbeete aufgeteilt, die unter anderem mit Hibiskus-Büschen und unterschiedlich panaschierten Buntnesseln *(Coleus,* Syn.: *Solenostemon)* bepflanzt sind. Töpfe in unterschiedlichen Größen und Formen, gefüllt mit einer bunten Mischung von Pflanzen, darunter auch Wüstenrosen, sind dicht an dicht um die Beete gestellt. Seitlich, im Schatten des Hauses, hat Evelyn ein Orchideen-Haus eingerichtet; Farne hängen von den Streben, Orchideen baumeln dazwischen, und der Boden ist mit allen möglichen Pflanzen bedeckt, die wir in Europa nur als Zimmerpflanzen kennen, die aber hier ganz andere Dimensionen annehmen.

Während im Vorgarten Grün die vorherrschende Farbe ist, dominiert Weiß im angrenzenden Bereich, in dem Evelyn einen Kaktusgarten angelegt hat. Auch hier befinden sich alle Pflanzen in Töpfen, vom Feigenkaktus bis hin zur zierlichen Wüstenrose. Diese Töpfe sind geschickt kaschiert durch helle Steine und große Muscheln. Kleine dekorative Objekte oder Figuren, wie etwa eine Schnecke aus Stein oder ein übergroßer Ohrwurm, lockern die Pflanzenfülle auf. Das Highlight des Gartens ist jedoch die Topfsammlung am Hauseingang. Unter einem Band aus üppigen, knallig pinkfarbenen und schneeweißen Bougainvillea hat Evelyn Sukkulenten in allen möglichen Behältern aufgestellt, vom Kaffeebecher bis hin zu bunten Übertöpfen, leicht zurückgesetzt auf einem verlängerten Fensterbrett und einem erhöhten Sockel. Den krönenden Abschluss des Blumenarrangements bilden eng stehende, auf dem Boden aufgereihte Töpfe, auch sie sind mit Wüstenrosen bepflanzt.

Den Grund für die vielen Töpfe erklärte uns Evelyn bei einem Glas selbst gemachter Limonade und Ingwerkuchen: das Haus sei nur für die Zeit ihres Aufenthalts auf Antigua gemietet, bei ihrem Auszug wolle sie ihre »Kinder« alle mitnehmen, was so einfacher zu bewerkstelligen sei. Wir saßen auf der Terrasse hinter dem Haus, einige auf Stühlen, andere auf der niedrigen Mauer. Hier ist alles offener, wie in einem Park. Das Grundstück ist groß und exponiert; ein riesiger Baum und einzelne Palmen setzten Akzente, im Übrigen gibt es viel Rasen als Auslauffläche für die Hunde.

Auch in Barbaras Garten Lindsay Hill, bei gutem Wetter etwa eine halbe Stunde Fahrzeit von Evelyns Garten entfernt, mangelt es weder an Platz noch an kreativer Gestaltungsfreude. Vom Hauseingang, gerahmt von riesigen, saftig grünen, schildblättrigen Elefantenohren *(Alocasia odora)* und Bougainvillea, über ein schattiges Holzdeck unter einem hochstämmigen Solitärbaum bis hin zu einem wunderbaren Ausblick von der Veranda bietet der Garten alles, was man sich von einem grünen Paradies erhoffen kann. Auch Barbara empfing uns herzlich, wir sollten uns wie zu Hause fühlen und nicht nur die Pflanzen, sondern auch die Blicke aus dem Haus in den Garten und auf die umgebende Landschaft in aller Ruhe genießen.

Ihr Garten liegt auf zwei Seiten des niedrigen, aber weitläufigen Wohnhauses. Dank einer tiefen und schattigen Veranda scheinen die Innen- und Außenräume nahtlos ineinander überzugehen. Die Blicke aus den Innenräumen in den Garten sind genauso spannend wie die Blickbezüge im Garten selbst. Blumen und Blattschmuckpflanzen schmücken den Vordergrund, Ziersträucher mit einzelnen, markanten jungen Palmen wie der

Flaschenpalme *(Hyophorbe verschaffeltii)* dominieren im Mittelfeld, und größere Bäume bilden den Hintergrund.

Ein zurückhaltender Umgang mit Farben, sei es beim Laub oder bei der Blüte, entspricht nicht dem Stil eines karibischen Gärtners. Auch in diesem Garten zeigt sich eine Fülle an Farben, die aber dennoch einen harmonischen Gesamteindruck machen. Ganz entscheidend ist die Ausgewogenheit zwischen der Struktur, den Wegen, den Terrassen, den gebauten Elementen wie der Pergola auf der einen und der Vegetation auf der anderen Seite. Rote und braune Ziegel im Blockverband sind durchgehend für alle befestigten Flächen verwendet worden, ob als Wegbelag, im Eingangsbereich, an den Sitzplätzen oder auch bei den Stufen, denn der Garten fällt vom Haus leicht ab. Als Kontrast zum Rasen oder einem anderen Belag würde Barbaras Pflanzenpalette mit den flächendeckend gesetzten verschiedenfarbigen Sorten von Bromelien *(Aechmea blanchetiana)* in gelblichen, limettengrünen, bronzeartigen, sogar fast rostfarbenen Tönen weit weniger brillant wirken.

Lilafarbene Orchideen runden die bunte Pflanzpartie ab, zusammen mit dem mehrstämmigen, yuccaähnlichen Schraubenbaum *(Pandanus utlis)*. Letzterer ist bekrönt von Büscheln dichter grüner Lanzen-Blätter und mit schwarzgrünen, kugelartigen »Zapfen«, die an langen, starken Stielen herabhängen. Wie so viele tropische Früchte wirken sie surrealistisch, passen aber perfekt in das tropische Ambiente.

Auf der anderen Seite des Weges beugen sich rötliche Ruten von *Beschorneria yuccoides* über den Weg, sodass jeder die zarten grünen Blüten sehen konnte, ohne mit den messerscharfen und sehr harten, schwertähnlichen, mattgrünen Blättern in

Berührung zu kommen. Dazwischen hat Barbara orangefarben blühende Aloe gepflanzt, das karibische Äquivalent zu Fackel-lilien, und dahinter einen Fackelbusch *(Megaskepasma erythro-chlamys)* mit großen roten Blütenständen.

Der Weg führt auf eine Palme zu, deren Wedel den Blick rahmen. Erst jetzt wurde uns bewusst, wie hoch das Anwesen liegt, denn der ganze nordöstliche Teil von Antigua schien uns zu Füßen zu liegen. Erst als wir uns umdrehten, entdeckten wir das etwa 30 Zentimeter tiefer, direkt unterhalb der Veranda lie-gende Wasserbecken, in dem sich das Licht und die Bepflan-zung spiegeln. Ein weiteres Indiz dafür, dass Barbara gerne mit Kontrasten und Überraschungen arbeitet. Kleinblättriger Ficus bedeckt die Stützmauer, weiß blühende Begonien, in keinerlei Weise mit ihren europäischen Verwandten vergleichbar, ergie-ßen sich in lockerer Fülle von der Veranda herab, Schlingpflan-zen wachsen an den Pfosten hinauf; alles in allem eine lockere, naturhafte, aber dennoch gestaltete Pflanzung, die perfekt mit dem Wasserelement harmoniert. Mittig im Becken wächst ein Papyrus, die filigranen Halme wie einen Schleier entfaltet, der die lila- und pinkfarbenen tropischen Seerosen noch zarter er-scheinen lässt. Von der Veranda aus hatte man den Eindruck eines tropischen Paradieses.

Eine breite Pergola erstreckt sich über die Terrasse an der Ostseite des Hauses und endet an einer niedrigen Ziegelmauer. Schlingpflanzen mit roten und gelben Blüten haben die Pfosten erobert, im Wachstum immer wieder gebremst durch Barbaras Eingriffe, die den Ausblick erhalten sollen. Im lichten Schat-ten der Holzpergola hat die begabte Gärtnerin zur Gartenseite hin zahlreiche Orchideen an den Pfosten angebracht und an die

Balken gehängt. Vor der dichten Anpflanzung aus rotem Ingwer *(Alpinia purpurata)* macht die Sammlung einen eher naturhaften Eindruck. Unweit davon wuchert ein fast surrealistisch wirkendes pinkblättriges *Caladium* mit grünen Adern, dessen Farben so unwirklich aussehen, dass man zweimal hinsehen muss. Verwirrenderweise auch als Elefantenohren (wie die *Alocasia)* benannt, wächst diese Pflanze in Windeseile aus Knollen und aus Rhizomen heran und ist in zahlreichen Sorten in sämtlichen kontrastreichen Schattierungen erhältlich.

Von der Pergola aus konnte man sehen, dass eine Treppe zum unteren Teil des Gartens führt. Hibiskus-Sträucher in Rot- und Apricot-Tönen und eine erstaunlich hoch wachsende Wüstenrose säumen den Weg zur Palmensammlung, Barbaras jüngster Leidenschaft. Die Vielfalt ist beeindruckend. Genannt seien hier nur Barbaras Lieblingspalme, die Königinpalme *(Syagrus romanzoffiana)*, dazu die Königspalme *(Roystonea regia)* sowie diverse Palmfarne *(Cycas)*.

Was diesen Garten auszeichnet, ist die Kombination von karibischem Flair mit großem Pflanzen-Know-how. Die Pflanzen spielen eine besondere Rolle, aber es ist auch das Beiwerk, das diesen Garten zu etwas Besonderem macht: die an prägnanten Stellen positionierten Holzstühle, die Terrakottatöpfe, welche die Wege säumen, sowie die kleinen Laternen, die nachts den Garten in ein Zauberland verwandeln. Barbara hat ein wahres Gartenparadies geschaffen, und wir hatten die Ehre, es mit ihr für kurze Zeit zu teilen.

Wir hätten Tage auf Antigua verbringen können; aber was wir an diesem einzigen Tag zu sehen bekamen, war erstaunlich. Neben Evelyns und Barbaras tropischen Gärten besuchten wir auch

Tony Johnstons Hotel-Anlage Siboney Beach Club[2] , an der malerischen Dickenson Bay gelegen, wie auch die Gartenanlagen des historischen English Harbour. Das Finale des Tages war die Claremont-Ananas-Farm[3], wo wir nicht nur die schwarzen Ananas kosten konnten, sondern auch lernten, wie Mangobäume veredelt werden. Einen besseren und vielfältigeren Eindruck von Antigua hätten wir kaum bekommen können. Manche Leute fahren nur zum Baden auf die karibische Insel. Ihnen entgeht viel, denn hinter dem Strand liegen wahre Gartenschätze.

---

[2] www.siboneybeachantigua.com
Adresse: Dickenson Bay, St John's, Antigua & Barbuda
[3] www.claremontfarms.com

Im Land des Drachens

Mit Grüßen von James Bond:
Im Drachengarten von Hongkong

James Bond ist für vieles in meinem Leben verantwortlich: für meine Hochzeit, den Umzug nach England und auch dafür, dass ich unbedingt den Drachengarten in Hongkong besuchen wollte. Der Garten, in dem sich im Film *Der Mann mit dem goldenen Colt* (1974) das Haus des Widersachers von Bond, Hai Fat, befindet, hat mich immer fasziniert. Jahrelang meinte ich, er sei als Kulisse eigens für den Film geschaffen worden. Auf mich wirkte er fremdartig, kitschig und dennoch von undefinierbarer Qualität: die Halbkugel des Mausoleums, die Anordnung der tempelartigen Bauten, der knallig-bunte Torbogen neben den hellen Bodenplatten und das Panorama auf Lantau Island und das Meer. Erst vor wenigen Jahren fand ich zufällig heraus, dass es den James-Bond-Garten in Hongkong tatsächlich gibt. Er gehörte seinerzeit zur Wochenendvilla einer Hongkonger Geschäftsfamilie westlich von Kowloon und war zwischendurch für Besucher geöffnet, aber als ich die Möglichkeiten einer Besichtigung des Gartens klären wollte, verliefen alle Bemühungen im Sande.

Das Schicksal war mir wohlgesonnen. Ein guter Freund meiner beiden Brüder, der chinesische George – es gibt in unserem

Bekanntenkreis auch einen deutschen, einen libanesischen und einen amerikanischen George –, stammt aus Hongkong. Er hat in England Architektur studiert und wurde während dieser Zeit mehr oder weniger von meinen Eltern »adoptiert«. Als sein Vater erkrankte, kehrte George in seine Heimat zurück. Dass ich ihn nun, im Vorfeld meiner anstehenden Gartenreise nach Taiwan und China, in Hongkong aufsuchen würde, verstand sich da von selbst. So reiste ich einige Tage vor der Gruppe nach Hongkong, um ihn zu treffen, mich zu akklimatisieren und mich wieder mit den Gegebenheiten in der Metropole vertraut zu machen.

Im Grunde hat sich seit 1985, abgesehen von der politischen Situation, nicht so viel verändert. Die Hochhäuser sind zwar höher, die Skyline hat sich gefüllt, und Fünf-Sterne-Hotels sind von Sechs-Sterne-Residenzen übertrumpft worden, aber die Star Ferry fährt noch immer im gleichen Takt mit denselben Fähren, überall wimmelt es von Menschen, und die prägnante Geruchsmischung Soja-Ingwer-Autoverkehr hängt in der Luft. Auch der Stanley-Markt hat nach wie vor, inzwischen zwar etwas ordentlicher präsentiert, das gleiche Angebot an Tassen, Stäbchen und Sachen, die man eigentlich nicht braucht, aber trotzdem kauft. Nur die Logos auf den T-Shirts haben sich verändert. Das unverwechselbare Flair Hongkongs ist also immer noch vorhanden. George und ich erkundeten Hongkong Island mit dem 6X-Bus. Einen besseren (und preiswerteren) Blick als vom oberen Geschoss des Doppeldeckerbusses gibt es kaum.

Die Zeit verging wie im Flug. Erst beim Abendessen kamen wir auf meine Pläne für die bevorstehende Gartenreise zu sprechen. Was hatte ich mir für die Gruppe ausgedacht? Natürlich wollte ich nicht nur im Bus sitzen und die üblichen Sehenswürdigkeiten abklappern, ich wollte versuchen, meine Leidenschaft für Hongkong zu vermitteln, den Kontrast zwischen den Inseln Hongkongs und den New Territories aufzuzeigen und meine Gruppe für die Geschichte, das Essen, die kulturelle Vielfalt und die Gärten zu begeistern. Zugeben musste ich allerdings, dass mir eins nicht gelungen war: einen Besuch des bereits erwähnten Drachengartens zu organisieren, da alle Versuche der Kontaktaufnahme fehlgeschlagen waren.

»Wirklich?«, fragte George, und er fuhr fort: »Ich bin der Architekt der Lee-Familie, der der Garten gehört. Wann wolltest Du hin? Zurzeit wird er umgebaut. Es könnte also schwierig sein: Baustelle, Sicherheitsvorkehrungen und so.«

Wir mussten beide lächeln, denn wir hatten die Bambusbaugerüste unterwegs gesehen, die an den Neubauten ohne jegliche Sicherheitsvorkehrungen über mehrere Stockwerke in die Höhe ragten; kein Wunder, dass die Chinesen so gute Akrobaten sind.

Natürlich hatte ich keine Ahnung von Bauarbeiten im Garten, mein Wissen stammte schließlich aus einem Film aus den siebziger Jahren. Sprachen wir vom gleichen Garten? Drachengarten ist schließlich ein gängiger Name. Aber als das Stichwort Mausoleum fiel, war die Sache eindeutig: »Da liegt Dr. Lee. Und das ist auch der Hauptgrund, weshalb das Grundstück nicht bebaut ist. Den Vater kann man nicht umbetten.«

Als George sich am nächsten Tag meldete und mitteilte, Mrs. Lee wäre im Prinzip mit unserem Besuch einverstanden und auch der örtliche Bauleiter hätte zugestimmt, hatte ich sofort die Vision einer Ansammlung von Baggern, Baugruben und Zementsäcken. Vielleicht war die Idee doch nicht so gut? Aber nun war unser Besuch fest vereinbart; als Auflage wurde um pünktliches Erscheinen gebeten, die Besichtigung erfolge auf eigene Verantwortung.

Sam, der uns als Guide für die Zeit unseres Aufenthalts in Hongkong zugewiesen worden war, konnte seine Begeisterung kaum bändigen. »Sie wissen, es ist unmöglich, diesen Garten zu besuchen. Das Fremdenverkehrsbüro versucht es seit Jahren. Wie haben Sie es bloß erreicht?«– »Beziehungen, ein Freund der Familie. Aber Sam, wir wissen nicht, in welchem Zustand der Garten ist. Hoffentlich sind nicht alle enttäuscht.« Als Sam mich mit einem »Es ist doch der Drachengarten! Ich wollte immer hin. Und außerdem: Die anderen Guides hätten mir den Auftrag aus den Händen gerissen, wenn sie es gewusst hätten« antwortete, wurde mir klar: Der Garten hat nicht nur bei mir Kultstatus.

Am nächsten Tag standen wir pünktlich vor einem orangeroten Halbmondtor, eingesetzt in eine hohe Natursteinmauer, die uns imposanter als die Große Mauer von China erschien, und läuteten die Glocke. Ein Mann mit Bauarbeiter-Helm bat uns einzutreten und führte uns die Zufahrt hoch zu einem Auto, auf dessen Motorhaube das aufgeschlagene Baustellenjournal lag. Die Anzahl der Personen wurde geprüft, und wir wurden gebeten, uns einzeln einzutragen. Sam übersetzte die kurzen Anweisungen und Hinweise, dann waren wir uns selbst überlassen.

Der Garten zieht sich den Hang hinauf. Dieser ist so steil, dass es von unten so aussieht, als würde er sich bis zum Himmel erstrecken. Wir standen auf einer Zwischenebene, auf der Zitruspflanzen um einen Pavillon gruppiert sind. Eingefasst durch eine steile Böschung auf der rechten Seite und links begrenzt durch einen Abhang, bildet sie den Empfangsbereich des Gartens, von dem aus zahlreiche Treppen den Hang erschließen.

Auch die auf halber Höhe weiter oben am Hang gelegene Villa, die an ein Adlernest erinnert, kann nur über eine Treppe erreicht werden; eine Zufahrt gibt es nicht. Was uns alle fesselte, war der Bach, der vor uns lag.

Wie ein silberner Faden, an manchen Stellen ausgebildet mit Kaskaden, Wasserfällen und Wasserbecken, andernorts überfangen von Brücken, zieht sich dieser Bach in einer merkwürdigen Mischung aus Gestyltem und Natürlichem durch den ganzen Garten. Der Gestaltungsstil der 1950er-Jahre kann heute eigenartig wirken, wenn er jedoch mit chinesischen Einflüssen gemischt ist, ist er für europäische Besucher recht gewöhnungsbedürftig. Sobald man aber versteht, dass die vielen und bunt bemalten Keramikfiguren das Äquivalent zu klassischen Skulpturen darstellen, von denen jede eine andere Bedeutung hat und mit Bedacht platziert wurde, sogar die Frösche, ist es leichter, einen Zugang zum Verständnis des Gartens zu finden.

Zahlreiche Pfade und Treppenfluchten scheinen sich zwischen der Vegetation und den Felsen den Hang hochzuschlängeln; so entschieden wir uns, dass jeder seinen eigenen Weg suchen sollte. Der Garten ist groß, und nur mit kollektiver Kraft würde es uns gelingen, möglichst viele Details zu entdecken. Sam sprang wie eine Bergziege zwischen den Steinen herum und rief immer wieder etwas zu uns herüber: »Drachen am Bach!« – »Parasol-Häuschen unterhalb.« – «Es gibt eine Brücke weiter oben."

Wir teilten uns auf, einige von uns entschieden sich für eine weiter rechts gelegene, breitere Treppe, die, mit etwas Abstand zum Bach, durch den Halbschatten verläuft. Auf halber Höhe öffnet sich unvermittelt ein herrlicher Blick auf den der Anlage ihren Namen gebenden Drachen, dessen Kopf samt roten Hörnern sich über einer Kaskade erhebt und dessen Körper sich wie der einer Schlange um ein Wasserbecken wickelt. Seitlich des Weges wurde offensichtlich gearbeitet; die Flächen waren geräumt, die Stufen und der Belag bis zur oberen Brücke gerichtet, dahinter war Baustelle. Alles halb so wild; ich hatte weitaus Schlimmeres befürchtet. Die Brücke ist eher bescheiden, aber unsere Aufmerksamkeit galt ohnehin der Vegetation. Sie schien eine willkürliche Mischung aus uns bekannten und unbekannten Pflanzen und Gehölzen zu sein, über die wir nur den Kopf schütteln konnten. Aber wir befanden uns schließlich auch erst am Beginn unserer Reise und waren noch dabei, die für uns doch exotischen Pflanzen kennenzulernen.

Wenig später erreichten wir die Villa, ein bescheidenes, gelb getünchtes Gebäude, das wirkt, als sei es aus einem Vorort hierher verpflanzt worden. Aber wie bei vielem auf diesem Anwesen entspricht der Anschein nicht der Wirklichkeit. Zu unserer großen Überraschung und Freude durften wir durch alle Räume wandern. Hier ist die uns so eigenwillig erscheinende Architektur noch prägnanter: Bordüren in Gold und Grün rahmen die Wände und die Decken, die Fenster entsprechen der chinesischen Version von Bleiglasfenstern, deren zierliche Metallstreben elegante Muster zeichnen.

Die Grundfläche der Villa ist nicht groß, das Treppenhaus scheint den meisten Platz in Anspruch zu nehmen; nicht zu Unrecht, denn von hier aus führt die Treppe direkt in den Himmel, sprich zu einer grandiosen Aussicht.

Inzwischen hatten wir auch die uns von dem Herrn mit Bauhelm angekündigten Informationstafeln gefunden, die Hinweise zur Familie und zu den Beweggründen für den Bau dieses exzeptionellen Anwesens, glücklicherweise auch auf Englisch, bieten. Ein Gemälde zeigt das Ehepaar Lee im Garten, ein Plan verdeutlicht die Entwicklung des Anwesens und des angrenzenden Gebiets. 1949, als Dr. Lee lu Cheung das Grundstück erwarb, befand sich hier nur Natur. Über einen Zeitraum von zwanzig Jahren verwandelte der erfolgreiche und mehrfach ausgezeichnete[1] Geschäftsmann und Philanthrop das Hanggrundstück in einen magischen Rückzugsort, wo er die Natur genießen und Familie, Freunde sowie auch wichtige Persönlichkeiten aus dem Hongkonger Geschäftsleben empfangen konnte. Heute leitet seine Enkelin, Cynthia Lee Hong Lee, die Stiftung The Dragon Garden Trust. Ihr Ziel ist es, den Garten und das Haus der Öffentlichkeit zugänglich zu machen und als Kulturzentrum zu nutzen; von daher hatte sie auf unsere Anfrage so positiv reagiert. Die Tafeln waren Teil einer PR-Kampagne, um Aufmerksamkeit für die Einzigartigkeit des Gartens zu wecken.

Was wir bis jetzt gesehen hatten, war nur ein Bruchteil des Gartens. Gleich hinter der Villa liegt eine Steilwand, die vermuten ließ, daß ein Teil des Berges gesprengt worden war, um eine ebene Fläche für die Villa zu schaffen. Weitere, monumentale Treppen ziehen sich den Hang hinauf. Stufe um Stufe machten wir uns auf den Weg nach oben, nicht ahnend, wohin sie uns führen würden. Plötzlich lag eine breite Treppenflucht vor uns, bekrönt von einem bunten Torbogen mit vier knallroten Säulen, ganz wie im James-Bond-Film. Er führt auf einen Platz, der auf der linken Seite von einem länglichen, tempelartigen Bau ein-

---

[1] MBE (Member of the British Empire), 1949 von König George VI. verliehen; OBE (Order of the British Empire) 1952 und CBE (Commander of the British Empire) 1958 von Königin Elizabeth II. verliehen.

gefasst ist. Uns genau gegenüber und fast in den Hang gedrückt, leuchtete die weiße Kuppel des Mausoleums. Seit 1976 ist dies der letzte Ruheplatz von Dr. Lee; von hier aus bietet sich ein wunderbarer Blick auf das am Fuße des Hanges gelegene Hongkong.

Mit Ausnahme einiger Häuser auf dem Victoria Peak auf Hongkong Island waren alle großen Gartengrundstücke samt ihren Villen abgerissen und mit entsprechend großen Gebäuden überbaut worden. Aus unserer Höhe konnten wir die Appartementblocks auf den benachbarten Grundstücken deutlich sehen. Sie rückten von allen Seiten heran; in der Ferne, auf der anderen Seite der Bucht, war die Silhouette einer Großsiedlung auf Lantau Island zu erkennen. Der Drachengarten ist mit seinen 8 Hektar Grundfläche der letzte große Privatgarten Hongkongs. Und so ist das Schicksal des Gartens in der Familie umstritten: Die Söhne wollen bauen, die Schwester und die Enkelin aber nicht. Ob Dr. Lee dies geahnt hat, als er sich für ein Mausoleum in seinem Drachengarten entschied?

Das Thema Familie, Erbe und Streit könnten wir später vertiefen. Es galt, die Zeit vor Ort zu nutzen. Wege gingen zu beiden Seiten des Platzes ab. Der von uns gewählte schlängelt sich in Serpentinen den bewaldeten Hang hinunter, am Haus vorbei und zu einem weiteren Bauwerk, das wahrscheinlich nach früher als Teehaus genutzt wurde. Hinweise darauf bieten die immergrünen Solitärsträucher, zum Teil in wunderschönem Wolkenschnitt[2] beschnitten.

---

[2] Wolkenschnitt: eine besondere kunstvolle Art, Gehölze, in der Regel Nadelgehölze, in Form von Wolken zu beschneiden.

Zu guter Letzt, ganz unten im Garten, entdeckten wir auch den Swimmingpool, laut Sam das größte Privatbecken Hongkongs. Das Becken war leer, aber die Startblöcke und das Sprungbrett waren noch vorhanden, ebenso die knallblauen Blockstufen an einem der Beckenenden und die türkisblauen Mosaikfliesen entlang den Wänden. Dennoch ein trauriger Anblick. Eine melancholische Stimmung war zu spüren; es wurde kühler, obwohl die Temperatur sich überhaupt nicht geändert hatte. Auch das Becken unterhalb des Pools, direkt an der Grenzmauer war ohne Wasser. Ausgebildet als Kanal und geschmückt mit Laternen, bildete diese Fläche früher das große Finale des Gartens, sicherlich mit Lotusblumen und Seerosen bepflanzt, zwischen denen Enten und auch Kois schwammen; jetzt zeigt sich hier aber nur trister Beton.

Es gibt Pläne, den Pool in einen Saal oder ein Informationszentrum umzubauen, eine Art unterirdisches Bauwerk, das den Garten nicht beeinträchtigen würde. Die Behörden sind davon allerdings nicht überzeugt; und so schlummert der Garten noch immer vor sich hin. Es ist zu hoffen, dass das Ziel von Mrs Lee, den Garten öffentlich zugänglich zu machen, eines Tages trotzdem in Erfüllung gehen wird.

In den wenigen Minuten, die uns noch blieben, suchte jeder einen Platz, um sich hinzusetzen und den Garten auf sich wirken zu lassen. Ich saß wortlos mit Sam zusammen in einer der »Parasol«-Lauben am Bach, blickte hinauf zum knallgrünen Kopf des Drachens und schickte einen stillen Dank an Mrs Lee und ihren Großvater. Welch ein Glück für uns alle, dass George mit meinen Brüdern studiert hatte.

Vom Ghetto zum Paradies:
Der Kowloon Walled City Park in Hongkong

Den Namen Hongkong verbindet man nicht automatisch mit Gärten, sondern eigentlich eher mit Hochhäusern, der legendären Star Ferry, die seit 1888 zwischen Hongkong Island und Kowloon verkehrt, Einkaufszentren, Straßenmärkten und buntem Treiben. Aber auch hier spielt das öffentliche Grün eine wichtige Rolle, denn die Chinesen haben einen besonderen Bezug zu Gärten, Pflanzen und Parks. Gerade bei der Baudichte von Hongkong sind die städtischen Parks und Gärten geschätzte Aufenthaltsorte für Jedermann, Treffpunkte, um gemeinsam Tai Chi zu üben, sich mit Freunden zu unterhalten oder Bücher zu lesen; hier treffen sich auch die zahlreichen philippinischen Dienstmädchen, um Nachrichten auszutauschen, sich eine Maniküre machen zu lassen oder gar um sich gegenseitig die Haare zu schneiden. Das Leben findet draußen statt; hier im Grünen kann man geistig und körperlich auftanken.

Auch die »altehrwürdigen« Bäume werden als kostbares Gut der Stadt betrachtet. Sie alle sind mit einem gelb-grünen Schild in Englisch und Chinesisch versehen, werden in einer Liste vom Gartenamt aufgeführt und von der Bevölkerung behutsam bewacht. Benötigen sie Pflege, genügt ein Anruf oder eine E-Mail, und ein Mitarbeiter des Gartenamts eilt herbei. Da die Profis ihre Augen nicht überall haben können, ist man über die aufmerksame Unterstützung der Bevölkerung sehr froh.

Aber auch ansonsten ist das Hongkonger Gartenamt sehr aktiv, schreibt Wettbewerbe aus und prämiiert regelmäßig die schönste Grünfläche, sei es auf Bodenniveau, auf dem Dach eines der neuen Wolkenkratzer oder irgendwo dazwischen. Keine Fläche ist zu klein, um nicht gestaltet und genutzt zu werden, denn wie in der chinesischen Küche wird auch im Grünbereich alles verwertet. Für jeden Bezirk gibt es einen Grünführer in Form eines Faltblatts mit Plan, *Tree & Landscape Map* genannt, in dem die Grünzüge, Parks, öffentlichen Gärten und natürlich die wichtigsten, als *old and venerable* erachteten Bäume aufgeführt sind. Und weil Hongkong, was die Aufbereitung von Daten im Internet angeht, auf einer superschnellen Spur fährt, sind ausführlichere Informationen dann in der Regel nur einen Klick entfernt.

So bin ich bei der Vorbereitung dieser Reise auch auf den Kowloon Walled City Park[1] aufmerksam geworden, eine seit Mitte der 1990er-Jahre im Hongkonger Stadtteil Kowloon neu entstandene Grünanlage. Während eines früheren Aufenthalts in Hongkong hatte ich über Kollegen von Plänen für neue Grünzonen gehört, unter anderem in diesem Stadtteil. Damals war ich zu jung und zu ängstlich, um alleine durch Kowloon zu ziehen, das damals noch von den chinesischen Triaden, einer mafiaartigen Organisation, beherrscht wurde. Jetzt, dreißig Jahre später,

---

[1] www.lcsd.gov.hk/en/parks/kwcp/

Adresse: Kowloon Walled City Park, Tung Tau Tsuen Road, Kowloon City, Hongkong

sah die Sache anders aus; ausgestattet mit einem Minibus, unterstützt von unserem Guide Sam und zusammen mit der kleinen Gartengruppe stand Kowloon nun ganz oben auf unserer Liste.

Das Warten hat sich gelohnt. Der erste Eindruck des Kowloon Walled City Parks ist von Ruhe und Besinnlichkeit geprägt. Die Hochhäuser ringsherum verschmelzen mit dem Hintergrund, und man fühlt sich wie in einer anderen Welt, weit entfernt vom Treiben der über sieben Millionen Einwohner zählenden Stadt. Anders als der Name vermuten lässt, hat der Kowloon Walled City Park nichts Städtisches an sich und ist auch kein Park, wie man ihn sich in Europa vorstellt, sondern ein Garten. Gleich in der Nähe des Eingangs verweist ein Bronze-Relief auf die historische Referenz des Namens.

Bis zum Anfang der 1990er-Jahre lag hier auf ehemaligem Militärgelände das am dichtesten besiedelte Ghetto der Welt. Mit über 33 000 Einwohnern auf 2,8 Hektar, was umgerechnet 1,2 Millionen Menschen auf einem Quadratkilometer entspricht, ließ es New York als Dorf erscheinen.[2] Ähnlich wie in den Favelas von Rio de Janeiro herrschten hier eigene Gesetze und Hierarchien. Statt wie in Brasilien am Hang hochgestapelt, sahen die Behausungen hier aus, als würden Schuhschachteln bis 14 Stockwerke hoch übereinander balancieren, temporäre Dauereinrichtungen für tausende Flüchtlinge vom Festland. Sie hatten das ehemalige, im 16. Jahrhundert von der kaiserlichen chinesischen Armee errichtete Militärgelände beschlagnahmt, besiedelt, bevölkert und bebaut.

---

[2] www.cityofdarkness.co.uk
Buch: Ian Lambot, *City of Darkness Revisited*, 2014

Dieses Areal wurde 1842 nicht an die Briten überschrieben wie das umliegende Gebiet der New Territories. Es befand sich noch im Besitz der Volksrepublik China und war so außer Reichweite des Gesetzes. Die Polizei blieb fern, die Triaden regierten, die Unterwelt florierte im Labyrinth der engen Gassen, von wo aus der Himmel nie zu sehen war. Sam kannte das Viertel noch aus seiner Kindheit und erzählte uns, wie er damals mit seinen Eltern einen dort ansässigen chinesischen Zahnarzt besuchte. Der Gestank, der Lärm und die frenetische Energie der auf engstem Raum zusammengepferchten Menschen, die sich zwischen den Behelfsbauten durchschoben, prägten sich tief seinem Gedächtnis ein. Einstürzende Gebäude und Todesfälle gehörten zum Alltag. Wie ein Kartenhaus fiel ein Block in sich zusammen, dann wurde er in Windeseile wieder aufgebaut. Erst 1987, als die Briten ein Übereinkommen mit der Volksrepublik China trafen, war es möglich, diese Brutstätte der Kriminalität zu beseitigen. Sam gab zu, noch wenige Tage vor unserem Besuch dieses Gebiet wieder aufgesucht zu haben, um sich zu vergewissern, dass das Alte wirklich verschwunden und der Park tatsächlich vorzeigewürdig ist.

Eigentlich hätte der Park es verdient, Bestandteil jeder Touristenroute zu sein, denn hier bietet sich die Essenz des Chinesischen Gartens. Während Europäer dazu neigen, sich primär auf die Pflanzen zu konzentrieren, sind diese in chinesischen Gärten nur ein Teil des Ganzen, denn in erster Linie geht es darum, ein ideales, harmonisches Gartenkunstwerk zu erzeugen. Dazu gehört sowohl das Gerüst, die Wege, die Mauern und die Bauten; dann auch die Füllung, also die Wasserflächen, die Berge in Form von Steinen und als Vollendung die Pflanzen. Letztere werden nicht wegen ihrer Blüte allein ausgesucht, sondern aufgrund ihrer Form und der Botschaft, die sie übermitteln. Diese Gärten bauen sich auf subtile Art und Weise auf und sind mit Bedacht zu begehen; ein Weg ist hier immer wesentlich mehr als nur die Verbindung zwischen zwei Punkten. Er führt, gibt das Tempo vor und bereitet den Besucher auf Höhepunkte vor. Je breiter der Weg, desto wichtiger ist er. Können zwei Leute bequem nebeneinander gehen, fördert dies auch die Unterhaltung und den Austausch von Ideen. Ist der Weg schmal und kurvenreich, eignet er sich eher für den Einzelgänger, den Entdecker.

Chinesische Gartenarchitektur setzt deutliche Signale, die auch in diesem Garten vertreten sind. Eine bessere Einführung in diese, vielen unvertraute Gestaltungssprache hätten wir uns nicht wünschen können. Die breite, mit Bäumen gesäumte Eingangspromenade zielte auf den wiederaufgebauten Yamen-Bau, in dem sich ursprünglich die Wohnquartiere der Kommandanten befunden hatten. Dort waren niedrige Bauten um einen mittigen Hof gruppiert, ihre Seiten teilweise offen oder mit schmückenden Fensterrahmen verziert. Hier sind Fotos ausgestellt, die die Zustände auf diesem Areal vor der Errichtung des Parks zeigen. Sie wirken abstrakt, fast unwirklich, der Unterschied von jetzt zu damals zu groß, um ihn wahrzunehmen.

Wie von unsichtbaren Fäden gezogen verließen wir den Hof und fanden einen wunderschön gepflasterten Weg vor uns. In chinesischen Gärten gilt die Regel: je aufwendiger das Pflastermuster, desto bedeutender das Areal. Der Weg führte uns zunächst durch einen kleinen Bonsai-Garten, den Garten der Vier Jahreszeiten, angelegt wie ein Innenhof. Hier stehen zahlreiche

Tische vor Mauern, auf denen die knorrigen und kunstvoll verdrehten Bonsai-Bäumchen in Trögen ausgestellt sind.

Ein Sonnenstrahl fiel durch eine Öffnung, und zeigte uns die Weiterroute. Zwar verläuft der Weg gerade, aber die Randeinfassung in geschwungenen, wellenförmigen Kurven; der Bodenbelag wirkt wie ein Teppich, versehen mit einfachen, hellen, stilisierten Kirschblütenmotiven in einem dunklen Rahmen. Unser Schritt verlangsamte sich automatisch, die Aufmerksamkeit richtete sich auf die kunstvoll geschnittenen Kugeln rechts und links des Weges, die in starkem Kontrast zu eher wild wirkenden Grasbüscheln stehen. Erst danach wurde unser Blick auf den Höhepunkt dieses Gartenteils gelenkt, das Mond-Tor, eingelassen in eine weiß verputzte Mauer und bekrönt von anthrazitfarbenen Ziegeln.

Ein Tor ist immer Einladung und Zäsur, die Ankündigung eines Stimmungswechsels. Hinter dem Tor vereinfacht sich die Vegetation, uns war, als würden wir durch einen lichten Wald spazieren. Ab und an waren Frauen mit Strohhüten zu sehen, die aussahen, als hätten sie gerade eben noch in den Reisfeldern gearbeitet. Die Gesichter durch den breiten Hutrand verdeckt, kehrten sie die Wege und gossen die Pflanzen. Auffallend war, wie gut etabliert diese Partie wirkt, so als sei sie immer schon hier gewesen. Eigentlich hätte uns das nicht überraschen sollen, denn in dem subtropischen Klima Hongkongs, es liegt auf dem 22. nördlichen Breitengrad, wachsen Pflanzen das ganze Jahr über und damit fast doppelt so schnell wie in Nordeuropa, wo der Winter das Wachstum bremst.

Vom Wald ging es in eine große Lichtung. Die Sonne, die bisher durch den Hochnebel oder, wie Sam uns erklärte, den

Smog vom Festland verdeckt war, zeigte sich und tauchte den Garten in Licht. Und just in diesem Moment fiel unser Blick auf den nun vor uns liegenden Teich, in dem sich der Lung Nam Pavillon im Wasser spiegelt. Das Teehäuschen schien geradezu über dem Wasser zu schweben. Öffnungen auf allen vier Seiten erlauben jeweils eine andere Perspektive auf den Garten. Jeder von uns suchte sich seine Seite und seinen Platz und schaute einfach nur. Es war still, der Wind wehte durch die Äste, streifte die Oberfläche, und Flecken von Gold blitzten im Wasser, um urplötzlich wieder zu verschwinden. Wir hätten Stunden hier verbringen können. Im Hintergrund waren Kinderstimmen zu hören. Fröhlich, heiter, vergnügt, ein Schulausflug: vom Ghetto zum Paradies in nur einer Generation. Wer hätte sich dies vor dreißig Jahren vorstellen können?

1000 Bäume und raffinierte Anblicke:
Der Nan-Lian-Garten in Hongkong

Eigentlich hatte ich nur eine Lokalität für das Mittagessen in Kowloon gesucht, authentisch, nicht zu rustikal, möglichst in grüner Umgebung und nicht allzu weit entfernt von unserem Besuchsziel. Das Restaurant hinter dem Wasserfall in dem an das Chi-Lin-Kloster[1] angrenzenden Nan-Lian-Garten schien da eine passende Option zu sein. Zudem konnte ich von England aus einen Tisch für unsere Gruppe reservieren, und das Restaurant bot vegetarische Küche. Also keine Gefahr einer Eiweißvergiftung oder von in den Gerichten versteckten uns unbekannten Innereien – und die Hoffnung auf Speisen aus gesunden und uns vertrauten Zutaten. Genauso wie bei der Suche nach neuen und interessanten Gärten bin ich auch im Hinblick auf Essen experimentierfreudig und offen für Neues, aber als Gruppenleitung muss man auch auf andere Gesichtspunkte achten, vor allem bei Fernreisen, wenn man übermüdet ist, alles fremd wirkt und man mit der Zeitumstellung zu kämpfen hat. Der beste Reisetipp, den ich je erhalten habe, lautet: Ein ruhiger Magen ist Grundbedingung einer glücklichen Reise!

---

[1] *Adresse:* 5 Chi Lin Drive, Sheung Yuen Leng, Hong Kong

1934 gegründet und 1990 im Stil der Tang-Dynastie (618–907) renoviert, liegt das Chi-Lin-Nonnenkloster zwar auf der Touristenroute und wird von zahlreichen Gruppen aufgesucht, aber nur wenige haben oder nehmen sich die Zeit, den angrenzenden Nan-Lian-Garten anzuschauen. Beim Besuch des Klosters wurden wir zunächst von einem hoch über unseren Köpfen an einem Kran baumelnden Bonsai-Baum begrüßt.

Bonsais haben nicht nur in China und Japan einen besonderen Status unter Sammlern; sie werden zu Höchstpreisen gehandelt und gelten als lebende Kunstschätze. Das Kloster hatte jedoch nicht vor, seine jahrhundertealten Bäume zu verkaufen, man wollte nur einige der recht schweren, kostbaren Exemplare umstellen, was wegen der zahlreichen Treppen, Stufen und der zum Teil sehr beengten räumlichen Verhältnisse im Kloster nicht einfach mit einer Sackkarre erledigt werden konnte. Daher kam ein Kran zum Einsatz.

Nach dieser überraschenden Begrüßung betraten wir den Klosterkomplex. Der erste Hof, es gibt insgesamt drei, von denen jeder privater, kleiner und intimer ausfällt als der vorhergehende, ist mit vier gleich großen, versetzt zueinander angeordneten und mit Seerosen bepflanzten Wasserbecken ausgestattet. Um die Becken herum stehen zahlreiche Steinsockel und Ständer mit Bonsais in Schalen und Trögen. Die Wichtigsten tragen Namensschilder: *Pyracantha coccinea*, ein Feuerdorn, der sich an einen »Felsen« krallt, ein Liliputaner-Wald Fukientee *(Carmona microphylla)*, schlank und mit hainbuchenähnlichem Wuchs, dazu viele andere Tischlandschaften, wo Bonsai-Bäume, Steine und Moos exquisit platziert werden. Noch kleiner kann ein Garten nicht sein.

Das Kloster ist ein Ort des Gebets und der Meditation, Fotografieren ist ab dem zweiten Tor untersagt und Stille erwünscht. Wie schön wäre es, wenn sich ein solcher Verhaltenskodex auch in europäischen Kirchen durchsetzen würde! Denn ganz anderes habe ich vor Jahren bei einem Besuch der Pilgerkirche auf dem Mont Saint Michel erlebt, wo tief im Gebet versunkene Nonnen, die sich auf den Knien langsam zum Altar bewegten, von schrillen, lauten Guides und unentwegt knipsenden Reisegruppen ohne jegliches Verständnis umringt wurden – ein Bild, das sich mir in seiner abschreckenden Wirkung tief eingeprägt hat. In diesem buddhistischen Kloster herrschte dagegen eine würdevolle Stille, eine Grundhaltung, der wir überall während unseres Aufenthalts in buddhistischen Tempeln in Asien begegnen sollten. Eine achtsame Stimmung gab den Tenor vor, alle Bewegungen wurden entschleunigt, uns schien, als würden unsere Sinne zu neuem Leben erweckt.

Und so bewunderten auch wir mit geschärfter Aufmerksamkeit die gestalterischen Details der Anlage: die Präzision, mit der die Bauwerke ausgeführt sind; die Zimmermannsarbeit, die sich vor allem in den Holzverbindungen zeigt, die, ineinandergreifend und sich überlappend, ohne jeglichen Einsatz von Nägeln oder Schrauben auskommen. Die ganze Architektur ist einfach, aber wirkungsvoll; niedrige Bauten mit geschwungenen Dächern, die sich um einen mittigen Hof gruppieren und den Anschein erwecken, schon immer hier gewesen zu sein. Die Zickzack-Form der Wasserbecken im Eingangshof spiegelt sich hier im mittleren Hof in den Pflanzbeeten wider. Aber anders als dort, ist hier jedes Beet zu einem kleinen Hügel modelliert und mit niedrigen, dunkelgrünen Büschen bepflanzt, was den

Anschein von Rasen erweckt. Pittoresk geformte Kiefern und dunkelrosa blühende, aufrechte Kamelien-Bäume, ihre Äste zu leichten Wolken geschnitten, sind auf die Anhöhen gepflanzt. In ihrer Gesamtheit ergeben sie eine stilisierte Landschaft mit großer kontemplativer Wirkung.

Den Klosterkomplex verlassend, fühlten wir uns gut vorbereitet für den Besuch des Gartens, der über eine die angrenzende Schnellstraße überquerende Brücke zu erreichen ist. Stille und kontemplative Wirkung waren allerdings nicht die Eigenschaften, die sich für uns mit dem ersten Eindruck des Gartens von der Brücke aus verbanden. Der Anblick des goldenen Pavillons mit dem orangeroten Dachunterzug mitten im Grünen vor einem Hintergrund aus dicht an dicht gebauten Wohnsilos hat für europäische Besucher etwas Disneyhaftes, Kurioses an sich. Vielleicht wagen es deshalb Besucher aus dem Westen nur selten, in den Garten einzutreten? Oder liegt es aber auch an der Tatsache, dass eine tiefer liegende, mehrspurige Schnellstraße das 3,5 Hektar große Gelände auf allen Seiten umgibt? Wie dem auch sei, wer auf den Besuch des Nan-Lian Gartens verzichtet, dem entgeht Hongkongs bester Garten. Und ich habe gedacht, er sei nur das Begleitgrün des Restaurants.

Chinesische Gartengestaltung beschäftigt sich mit der Schaffung eines idealen Mikrokosmos. Mit über tausend Jahren Erfahrung sind die Chinesen darin geübt, aus Nachteilen Vorteile zu machen und den Betracher durch eine geschickte Gestaltung in eine andere Welt zu versetzen. Seit seiner Einweihung 2006 ist der Nan-Lian-Garten[2] ein beliebtes Ausflugsziel der Hong-

---

[2] www.lcsd.gov.hk/en/parks/nlg/index.html

konger Bevölkerung; an manchen Wochenenden ist der Andrang so groß, dass die Besucherströme behutsam durch den Garten gelenkt werden müssen. Entstanden ist der Garten als Ergebnis einer Partnerschaft der Regierung von Hongkong, zuständig für die Infrastruktur der Anlage, mit dem Chin-Lin-Kloster, das sich um die Ausstattung und die Pflege des Gartens kümmert.

Statt, wie sonst häufig üblich, einen historischen Garten aus der Ming-Dynastie (1368–1644) nachzubauen, entschied man sich wie bei der Renovierung des Klosters für einen Garten im Stil der Tang-Dynastie. In der Tang-Epoche erlebte China eine wirtschaftliche und kulturelle Blütezeit, verbunden mit einer hohen Wertschätzung der Natur. Marianne Beuchert beschreibt dies sehr ausführlich in ihrem Buch *Die Gärten Chinas*[3]. Berge, Wasser und Haine waren die Kernelemente eines typischen Gartens in dieser Zeit, Bäume wurden aufgrund ihrer Formen und Blüte geschätzt und in das leicht melancholische Szenario eingewebt.

Im Idealfall sollten Nebelschwaden über den Wasserflächen hängen, der Tau von den Bäumen tropfen und die Vögel singen; Dichter hielten Beschreibungen dieser idealisierten Gärten in Versen fest, Maler verewigten sie in Bildern. Wenn man so will, kann man die chinesischen Gärten aus dieser Zeit als die ersten Landschaftsgärten bezeichnen, die sich durch eine reduzierte Gestaltung, mit Bedacht platzierte, formvollendete Steine, spiegelnde Wasserflächen und rauschende Bäche sowie grünes Blattwerk auszeichneten. Vereinfacht betrachtet, kann man sie als Vorläufer der japanischen Gärten ansehen.

---

[3] Marianne Beuchert, *Die Gärten Chinas,* Eugen Diederichs Verlag, Köln 1983

Der Nan-Lian-Garten ist eine Hommage an den einst berühmten Jiangshouju-Garten in der Provinz Shanxi, der in seiner ursprünglichen Form nicht mehr existiert, aber in einem Plan und Beschreibungen festgehalten wurde. Dort war das rechteckige Grundstück von einer in der Mitte des Gartens gelegenen Wasserfläche in Form einer Acht geprägt, aus der sich kleine Inseln erhoben. Ein Rundweg erschloss den Garten, manchmal in näherer, manchmal in weiterer Entfernung vom Wasser und an prägnanten Stellen mit Pavillons und Bauten versehen; ein Garten, der zum Entdecken und zur Selbstfindung einlud. Eine ähnliche Struktur und Gestaltung weist auch der Nan-Lian-Garten auf, allerdings auf einem eher rundlich-oval geformten Grundstück.

In vielerlei Hinsicht erinnert die Gestaltung chinesischer Gärten an eine Abfolge von Bühnenbildern, die der Besucher nach und nach durchschreitet; Szenen öffnen und schließen sich, und selten ahnt man, was als nächstes kommt. So ist es auch im Nan-Lian-Garten. Ein Rundweg umkreist den achteckigen goldenen Pavillon, der nur ab und an zwischen den dichtgrünen Tempel-Steineiben *(Podocarpus macrophyllus)*, oft auch Buddhistische Kiefer genannt, und Japanischen Schwarzkiefern *(Pinus thunbergii)* hindurchschimmert. Die Böschungen auf beiden Seiten des Wegs vermitteln das Gefühl, durch ein Tal zu wandern. So wirkt der Anblick des zweistöckigen Pavillons mit der davorliegenden, leuchtend roten Mondbrücke, der sich dem Besucher ganz unversehens bietet, umso beeindruckender. Vom Kloster aus gesehen, schien die Brücke Teil des Pavillons zu sein, jetzt, aus der Nähe betrachtet, ist sie eher Teil der Landschaft. Nun wird auch deutlich, dass jeder Baum in Wolkenform geschnitten ist, die schmalen langen Nadelblätter dicht gebündelt wie dicke Punkte am Ende der Äste. Jeder Baum steht für sich; durch die bewusste Anordnung der Bäume zueinander ergibt sich jedoch die Illusion, es würde sich um riesige Bäume handeln.

Ebenso wie die Bauten und Steine nur an geschickt gewählten Standorten ihre Wirkung entfalten, tritt auch das Wasser zunächst nur auf eine sehr zurückgenommene Art und Weise in Erscheinung. Mehr in Form eines mäandernden Flusses als eines Sees durchzieht es das Gelände, bevor es den auf einer Anhöhe stehenden Pavillon ringförmig umschließt. Das Ufer dieses kleinen Sees ist als Kiesbank ausgebildet, in die unterschiedliche Steine diverser Herkunft eingebettet sind. Für westliche Augen gewöhnungsbedürftig, aber doch irgendwie reizvoll.

Den Höhepunkt dieser Gartenpartie bildet jedoch die gegenüberliegende Böschung, die übervoll mit panaschierten *Bougainvillea glabra* 'Variegata' bepflanzt ist. Die Pflanzen, die auf diesem Breitengrad fast das ganze Jahr über blühen, sind wie Sonnenschirmbäume geschnitten. Die Äste der ungewöhnlichen Bäumchen sind leicht verdreht, als würden sie tanzen, was ihr Schattenspiel sehr reizvoll macht und ihre Wirkung noch erhöht. Die Krönung sind jedoch die Blüten, lilafarbene Kugeln am Ende eines jeden Astes, die in der leichten Brise zu schweben scheinen.

Selten bin ich in einem Garten so langsam vorwärtsgekommen wie hier. Die eingangs erwähnte Entschleunigung zeigte auch hier ihre Wirkung. Wie gestalterisch beabsichtigt, eröffnen sich dem Besucher immer wieder überraschende Ausblicke, sei es in einen Innenhof, der mit formvollendeten Steinen und zwei Solitärsträuchern geschmückt ist, sei es auf das Wasser. Tief im Garten weitet sich der Fluss zu einem Teich, dem Blauen Becken, in dem Koi-Karpfen vergnügt umherschwimmen.

Unsere Gruppe hatte sich bereits in der Nähe des Garteneingangs nach der Betrachtung der Wolken-Steine getrennt: pink getönte, geschichtete Gesteine, die aus den grasartigen Bodendeckern herausragen und für die vielfältige Geologie Chinas stehen. Von diesem Punkt aus hatten sich kleinere Grüppchen durch den Garten treiben lassen. Am Blauen Becken trafen nun alle wieder zusammen, um ihre Eindrücke und Entdeckungen auszutauschen. Hatten alle die Steinsammlung gesehen? Und die Bonsai-Schau im Ping-Garten? Wer hatte noch das Vogelzwitschern gehört, das anscheinend von einem Tonband eingespielt wurde? Sollte es den Lärm der mehrspurigen Stadtautobahn jenseits der Böschung überdecken? Hatten die anderen bemerkt, wie geschickt unsere Blicke nach draußen auf die nicht bebauten und unter Naturschutz stehenden Höhen des Lion Rock und des Kowloon Peak gelenkt worden waren? Dieses Spiel mit der Wahrnehmung, im Park überall erlebbar, ist das Hauptcharakteristikum der chinesischen Gartenarchitektur; es geht darum, aus wenigen Details und Andeutungen ganze Szenerien zu gestalten.

Schlussendlich hatten wir das östliche Ende des Gartens erreicht und standen vor einer grünen Mauer, die gestaffelt über mehrere Stockwerke in die Höhe ragt. Von oben ergießt sich nicht nur ein Wasserfall, es sind gleich zwei, die nicht nur als Blickfang dienen, sondern auch die Aufgabe haben, den Verkehrslärm zu dämpfen. Versteckt hinter dem dichten Wasserschleier liegt tatsächlich das Restaurant, dessen Eingang wir dank der langen Menschenschlange, die sich davor gebildet hatte, relativ schnell entdeckten. Wie gut, dass wir reserviert hatten! Sam steuerte uns durch das Restaurant zu unserem Tisch, wo sich erneut eine Entdeckung an die andere reihte. Die Speisen wurden wie Vorspeisen auf runden, unterteilten Serviertellern gebracht; klein geschnipseltes Gemüse wie Gurke und Rote Bete, anderes konnte auf den ersten Blick nicht identifiziert werden, wurde mit Skepsis und Vorsicht gekostet. Das Essen mit Stäbchen stellte die eine oder den anderen aus unserer Gruppe durchaus auch vor gewisse Schwierigkeiten; schließlich war es erst der zweite Tag unseres Aufenthalts. Die Suppe kam in einem großen Topf und wurde dank der mitverteilten Löffel gerne gegessen. Der fermentierte Tee war einen Tick zu gesund, aber wir befanden uns schließlich im Restaurant des Buddhisten-Klosters.

Die anderen Gäste beobachteten unsere Bemühungen mit erkennbarem Vergnügen. Erst beim Verlassen des Restaurants fiel uns auf, dass wir die einzigen Europäer im Restaurant gewesen waren. Offensichtlich boten wir eine bessere Unterhaltung als der beindruckende Wasserfall, der hinter dem Panoramafenster herabschoss. Interessante Anblicke gab es nicht nur im Garten.

Winterkirschen und Fledermäuse:
Der Garten der Familie Lin in Taiwan

»Kennen Sie sich in Taiwan aus? Die Route musste geändert werden.« Auf unserem Reiseplan wurde ein chinesischer Hafen nach dem anderen gestrichen, und nunmehr standen drei Stationen in Taiwan auf dem Programm. Alles, was ich über die Insel wusste, war, dass alle Pflanzen mit *formosa* in ihrem botanischen Namen von dort stammen und dass man in der Volksrepublik China nie die Worte Taiwan oder Republik China (ROC) erwähnt.

Taiwan mag für Touristen unbekannt sein, aber das bedeutet keineswegs, dass das Land uninteressant ist. Dank Bradt Guides und der Royal Horticultural Society Lindley Library in London fand ich schnell heraus, was das Land zu bieten hat. Steven Crook, der Autor des Bradt-Reiseführers zu Taiwan[1], schaffte es in seiner Einführung, meine Reiselust für das Land zu wecken. Zum einen war es die Erläuterung des Namens Ilha Formosa, schöne Insel, so benannt im 16. Jahrhundert von den portugiesischen Matrosen, zum anderen der Hinweis, dass manche

---

[1] Steven Crook, *Bradt Guide Taiwan,* Chalfont St Peter 2010
www.bradtguides.com

chinesischen Traditionen in Taiwan besser erhalten sind als in der Volksrepublik China. Ausschlaggebend war aber sein Satz: »Von manchen wird behauptet, Taiwan sei chinesischer als China.«

Wie war die Realität? Von der Bambusstraße in Kaohsiung im Süden der Insel, wo alle möglichen Körbe und Geräte in kleinen Werkstätten von Hand gefertigt werden, bis zum Konfuzius-Tempel[2] in Tainan, der alten Hauptstadt von Taiwan, erlebten wir eine Überraschung nach der anderen. Historische Gärten standen nicht auf der offiziellen Liste der Sehenswürdigkeiten des Landes, aber wir fanden sie, oft an unerwarteten Orten. Der Chikan-Turm[3] in Tainen ist nicht ein Turm per se, sondern eine Ansammlung von historischen Bauten, umgeben von einem Garten, bestückt mit allen Bestandteilen, Wasser, Steinen, Bäumen, Blumen, gar Goldfischen, die man in chinesischen Gärten zu finden erwartet. Auch der Konfuzius-Tempel hat einen Garten. Nicht dass man ihn sofort als solchen erkennen würde, denn er liegt teilweise außerhalb des Hauptbaukomplexes und scheint auf den ersten Blick nur aus Rasen zu bestehen. Schaut man näher hin, entdeckt man das halbrunde Wasserbecken, um das Schüler eine Runde gedreht haben, bevor sie in den Tempel gingen.

Fand ich einen Hinweis auf einen Garten, führte dies zu einem weiteren. So bin ich auf Ben-Yuan, das Herrenhaus und den Garten der Lin-Familie in Banqioa südlich der Hauptstadt Taipeh gestoßen. Die Internetseite des Anwesens[4] ist allein schon einen Besuch wert, denn dort werden auf Englisch die grundlegenden

---

[2] www.taiwantourismus.de/reiseziele/taipeh/tempel/konfuzius-tempel/

[3] Auch Chihkan Tower oder Chihkanlou genannt.

[4] www.en.linfamily.ntpc.gov.tw

Adresse: No. 9, Ximen Street, Banqiao District, New Taipei City, Taiwan 220

Charakteristiken eines traditionellen, klassischen chinesischen Gartens erläutert. Wir hatten uns mit den Leitideen der chinesischen Gartenkunst in Hongkong befasst (siehe Seite 205ff.), der Lin-Garten bot eine Möglichkeit, die einzelnen Elemente näher anzuschauen.

Inzwischen waren wir daran gewöhnt, dass man chinesischen Gärten von außen nicht ansieht, was sich drinnen verbirgt. Darum überraschte es uns nicht, dass wir vor einer hohen, dunkelgrauen Mauer mitten in der Stadt anhielten. Die sonnige, fast subtropische Wärme des Südens der Insel hatten wir gegen den kühlen, regenreichen Norden getauscht. Winterbekleidung samt Schal war angesagt, schließlich war es Ende Januar, nicht unbedingt der Monat für einen Gartenbesuch. Aber klassische chinesische Gärten sind für alle Jahreszeiten konzipiert, auch für den Winter.

Wären nicht die goldenen Lampions am Pförtnerhaus und dahinter die hohen Bäume gewesen, wir hätten den Eingang nicht gefunden. Eine lange Reihe von Kampferbäumen *(Cinnamonum camphora)* führte zwischen hohen Mauern auf den innenliegenden Eingang des Gartens zu. Von hier aus ging es in einen kleinen Gartenraum mit einer etwas merkwürdigen, mit Gras bewachsenen hügelartigen Bodenmodellierung über. Gedacht als Aussichtspunkt, war der Hügel jedoch zu niedrig, um mehr als nur den Blick auf Baumkronen und Dächer freizugeben. Hätte wir einen Plan gehabt, wäre das Labyrinth von Gärten, Gängen und Innenhöfen, alle eingefriedet mit hohen Mauern, deutlich gewesen. Aber Pläne werden selten ausgeteilt in klassischen chinesischen Gärten, denn ab dem Augenblick, in dem man den Garten betritt, begibt man sich in die Hände des Gestalters.

Die Route durch den Garten wird bis ins Detail inszeniert, mit dem alleinigen Ziel, das Gartenerlebnis zu steigern. Hier, auf beschränktem Raum, sollen sich die Landschaft, die Seen, die Berge, die Pflanzen und natürlich auch die Bauten in einer Abfolge von Szenen entfalten. Die Aufgabe der Gartenmeister bestand darin, ein Wunderland zu gestalten, das alle Sinne erfreut. Um diesen Auftrag zu meistern, waren auch die Expertisen des Bauherrn, der Gelehrten und der Feng-shui-Meister gefragt, denn unterschiedliche Techniken wurden eingesetzt, um diese Gesamtkunstwerke zu gestalten.

Der Garten der Familie Lin erstreckt sich über ein zwei Hektar großes Rechteck, angrenzend an ein ebenso großes Areal, das bestückt ist mit Wohn- und Wirtschaftsbauten. Nach Schätzungen der Experten wurde mit den Gartenarbeiten etwa um 1854 begonnen, kurz nachdem die Familie in das Anwesen eingezogen war. Ursprünglich vom Festland stammend, hat die Lin-Familie ihren Reichtum durch Handel erwirtschaftet, zuerst mit Reis, dann mit anderen Produkten. Jede Generation baute das Geschäft weiter aus, bis sie Mitte des 19. Jahrhunderts die reichste Familie in Taiwan war. Die Bestätigung ihres Status in der Gesellschaft war ein klassischer Garten nach Art der Ming-Dynastie[5], eine Anlage nicht nur für die Erholung und das Vergnügen der Familie, sondern auch als Hintergrund für Geschäftsgespräche und gesellschaftliche Anlässe. Solch einen Garten zu bauen war auch damals eine kostspielige Angelegenheit, die Baukosten wurden auf 30 bis 50 Millionen Neue Taiwan-Dollar geschätzt, was etwa 8 bis 14 Millionen Euro entspricht.

---

[5] Ming-Dynastie, 1368–1644, ein Höhepunkt der Gartenkunst.

Der Genuss des Gartens und ihr doch luxuriöser Lebensstil in Taiwan endete für die Familie mit dem Ersten Japanisch-Chinesischen Krieg (1894/95). Taiwan wurde an Japan abgetreten, und die Familie flüchtete nach China. Der Garten wurde zwar anfangs noch gepflegt, aber schließlich wie die Wohnanlage sich selbst überlassen. Am Ende des Zweiten Weltkriegs war der einst prächtige Garten in einem katastrophalen Zustand. Noch dazu wurde das Anwesen Stück für Stück von Flüchtlingen des chinesischen Bürgerkrieges besetzt, bis um die tausend Menschen dort hausten. Bemühungen, die Anlage, die inzwischen für Taiwan von kulturhistorischem Wert war, zu restaurieren, scheiterten. 1977 überschrieb die Lin-Familie die gesamte Anlage zusammen mit 11 Millionen Neuen Taiwan-Dollar für die Restaurierung der Regierung von Taipeh. Diese beauftragte Experten, ließ Gutachten erstellen; 1982 wurde die Restaurierung der Gärten in Angriff genommen und vier Jahre später abgeschlossen.

Im 19. Jahrhundert hätte jeder gebildete Besucher die symbolische Bedeutung der Landschaftsszenen erkannt, heute müssen Einheimische wie auch Ausländer in die Sprache des Gartens eingeführt werden. In den berühmten Gärten von Suzhou bei Schanghai, die als Vorbild für den Lin-Garten dienten, ist es aufgrund des Besucherandrangs schwierig, die notwendige Muße aufzubringen, die die Gärten verdienen. Hier, im Lin-Garten, herrscht besonders am Sonntagmorgen Ruhe, unterbrochen nur vom Vogelgezwitscher, das auch zum Gartenerlebnis gehört, denn der Garten wurde nicht für das Auge allein geschaffen.

Auf Gegensätze zu achten ist wichtig für die Wahrnehmung dieser Gärten. So wird man nach dem offenen, schlichten grünen Gartenzimmer am Anfang durch eine Reihenfolge von

engen, dunklen Räumen und Gängen geführt, bis man schließlich, nachdem man fast die Hoffnung aufgegeben hat, etwas
Grünes zu sehen, mit dem Blick auf eine spiegelnde Wasserfläche mit überhängenden Bäumen belohnt wird. Allein durch den
Kontrast von Dunkel zu Hell scheint das Areal größer zu sein.
Mit der Wahrnehmung zu spielen liegt im Kern der Kunst chinesischer Gartengestaltung. So wird die Empfindung für Größe
und Proportionen gekonnt manipuliert. Es entstehen begehbare
Bühnenbilder, vor denen man innehält, Platz nimmt im Pavillon, hier im Fang-Jiang-Pavillon, alles bewundert, auch Theater-
stücken zuschaut, bevor die Reise durch den Garten fortgesetzt
wird.

Nicht zu übersehen in diesem Bereich war die Berglandschaft,
die sich seitlich aufbaut. Sie ist nicht nur eindeutig künstlich,
gar stilisiert, sondern geschrumpft, als wäre alles für Liliputaner
gebaut. Die spitzen Berge sind flach und aus Beton gegossen,
mit angedeuteten Schneefeldern auf den Kuppen. Zwischen einer Reihe und der nächsten führen Stufen zwischen den Steinen
hindurch und scheinen in der Ferne zu verschwinden. Passend
zum Maßstab, ist das waagrechte Geländer des Seewegs niedrig,
reicht nur bis zu unserem Knie. Was in der Beschreibung kitschig klingt, hat in der Realität einen besonderen Reiz.

Die Stufen über die Berge führen auf einen erhöhten Spazier-
weg, der einen Blick über andere Teile des Gartens ermöglicht,
unter anderem auf einen Gartenhof, gepflastert mit Ziegeln im
Fischgrätmuster, zu dem es keinen Zutritt zu geben schien. Vom
hellen, offenen Garten wurde wieder ins Dunkle, Enge geleitet,
es ging abwärts in eine Art Grotte. Geschickt platzierte Fenster
lassen Licht herein und rahmen auch den Blick nach außen. Wie

Vignetten gaben sie einen Eindruck von den Gartenszenen, denen wir vielleicht begegnen würden. Erneut wurden wir durch einen einfachen Raum geführt, um anschließend in einem Garten anzukommen. Dort findet sich statt Wasser Rasen und mittig ein Bauwerk, das wie ein mit dünnen Säulen umschlossener Tempel aussieht, eine Vogelvoliere mit einem einzigen Bewohner, einem armselig aussehenden Pfau.

Bäume sind mit Bedacht innerhalb des Gartens platziert, ihre Auswahl erfolgte nicht nur nach ihrer Gestalt, sondern auch nach der Symbolik, etwa bei der Winterkirsche *(Prunus mume)*, die zu unserem Besuch blühte. Sie ist eigentlich eine Verwandte der Aprikose, kommt in der Natur auf Hängen zwischen 1700 und 3100 Höhenmetern in Taiwan wie auch in der Provinz Yunnan in China vor, wo ihre Blüten aus der Ferne wie Wolken wirken und früher als Inspiration für zahlreiche Gemälde dienten. Die Freude, die frische zartrosa Farbe in einer für westliche Empfindungen doch spärlich bepflanzten Umgebung mit der Betonung auf gebauten und gepflasterten Flächen zu sehen, war groß. Und genau dies ist die Absicht. Gerade weil Pflanzen mit Bedacht platziert sind, freut man sich über jedes Blatt und jede Blume, über die Scheinbuchen wie die Kiefern oder die Trauerweide, die über die Wasserfläche hängt.

Wir hatten uns an den Rhythmus des Gartens gewöhnt, daran, wie alle Blicke gerahmt werden, wie sich die Szenen allmählich entfalten, erst als Ausschnitt durch ein Fenster, dann als Vista durch eine Tür und erst zum Schluss als Panorama. Auffallend sind die unterschiedlichen Formen und Füllungen der Fenster, jedes hat eine andere Bedeutung und leistet einen wesentlichen Beitrag zur Ästhetik des Gartens. Oft aufwendig

in ihrer Gestaltung, sind diese Fenster wie Kunstwerke, wie Relief-
bilder zu bewundern. Manche Formen wiederholen sich, andere,
wie die Kürbisform oder die Pflaumenblüten, ein Symbol der
Weiblichkeit, sind Unikate, die schwarzen Konturen wie gemalt
gegen die weißen, verputzten Wände. Neue, besondere Fenster-
formen zu entdecken wurde zu einer Art Spiel.

Der Höhepunkt war jedoch der Platz vor der Ding-Jing-Halle
am Ende unseres Spaziergangs. Der Platz ist erreichbar durch einander gegenüberliegende Mond-Tore. Wem es entgangen war,
dass es sich hier um einen wichtigen Ort im Garten handelt, der
musste sich nur die Fenster in der Wand ansehen, wo jeweils ein
Schmetterling und eine Fledermaus abgebildet sind, die Flügel
von beiden breit ausgestreckt, als ob sie im Tiefflug durch den
Garten fliegen wollten. Die Fledermaus, das Symbol für Glück,
ist besonders zutreffend in diesem Teil des Gartens, wo die Gäste
empfangen werden, denn die stille Botschaft lautet: Ein Besuch
bei uns bringt Ihnen Glück.

Bis jetzt waren wir niemandem im Garten begegnet, aber hier
im Innenhof der Halle war es, als ob ein kleines Empfangsko-
mitee auf uns gewartet hätte. Zur Feier des chinesischen Neu-
jahrs hatte man nicht nur den Innenhof und die umliegenden
Räume geschmückt, sondern Kunsthandwerker eingeladen, um
Werkstätten auszurichten. Die Ding-Jing-Halle belebt zu sehen,
war ein Bonus. Besser hätten wir es nicht treffen können, denn
so bekamen wir einen Eindruck, wie der Garten zu Zeiten der
Lin-Familie gewirkt haben mag, auch wenn verschiedenste Ver-
anstaltungen stattgefunden hatten. Die klassischen chinesischen
Gärten waren und sind Orte der Poesie. So war es passend, dass
ein Meister der Kalligrafie hier am Werk war und besondere Grü-

ße zum Neujahr auf lange, schmale, rote Papierrollen schrieb. Er lächelte zu uns herüber, bat uns, Platz zu nehmen, und machte sich an die Arbeit. Sein Neujahrsgruß liegt bei mir im Büro, ein wunderbares Souvenir vom Besuch in Taiwans besterhaltenem Garten.

Die Vollendung des Garteneindrucks war jedoch der Anblick einer Frau im angrenzenden Gartenraum. Sie saß inmitten der blühenden Winterkirschen, völlig vertieft in ihr Buch, in Harmonie mit sich selbst und ihrer Umgebung. Was wünscht man sich mehr von einem Garten?

Eine Insel der Glückseligkeit:
Der Yu-Garten in Schanghai

»Haben Sie eine Smogmaske?« Die Dame an der Rezeption des Intercontinental-Hotels in Kowloon war ganz besorgt. Sie hatte gefragt, wohin meine Reise gehen würde, und als sie Schanghai hörte, erzählte sie mir, ihre Schwester arbeite dort und berichte ihr täglich über die Smogmeldungen, momentan sei es besonders schlimm. An alles hatte ich gedacht, bloß nicht daran. Eigentlich hätte ich es wissen müssen, der amerikanische George hatte mich davor gewarnt, denn er sei von Geschäftsreisen nach Schanghai immer mit einer fürchterlichen Nebenhöhlenentzündung zurückgekommen. Ein Freund meines Bruders hatte allein wegen der Luftverschmutzung eine lukrative Stelle in der chinesischen Metropole mit Dienstwohnung, Fahrer und Dienstboten für einen Job in Papua-Neuguinea getauscht. Gut, dass das Hotel einen Laden hatte und dort schachtelweise Masken verkauft wurden. Verkehrt war ein Kauf auf keinen Fall.

Ich hatte gedacht, ich würde Schanghai kennen, schließlich war ich 1985 dort gewesen, und Städte ändern sich nicht in ihrer Grundform. Oder doch? Was für den Rest der Welt gilt, trifft nicht auf China zu. Wenn die Chinesen sich für etwas entscheiden, gibt es keine Kompromisse, nur alles oder nichts. Außer dem Bund, der Promenade entlang dem Huangpu-Fluss mit den markanten historischen Bauten wie dem Peace-Hotel und dem Zollhaus, die in der Fortsetzung des Ufers liegen, erkannte ich von unserem Liegeplatz aus nichts wieder.

Bessere Sicht hätte vielleicht geholfen, denn ab einer gewissen Höhe wurden alle Gebäude von einer gelbgrauen Brühe verschluckt. Trotzdem: Das Neubaugebiet von Pudong auf der gegenüberliegenden Seite des Flusses, wo Wolkenkratzer darum konkurrierten, der beste, höchste und ausgefallenste zu sein, war nicht zu übersehen. Diesen futuristischen Anblick bevorzugten die meisten Passagiere von klimatisierten Innenräumen aus zu genießen. Die Außendecks waren menschenleer. Nur ein einziges Mal, und zwar im Hafen von Casablanca, als eine Ladung Phosphat ihr Ziel verfehlte und die ganze Gegend mit einer Schicht weißen, klebrigen Staubs verseucht wurde, hatten sich alle freiwillig im Inneren des Schiffes aufgehalten.

Die Umweltverschmutzung in Schanghai kroch einem die Nase hinauf, man konnte die Schwermetalle in der Luft riechen und schmecken. Erinnerungen an meine Kindheit in Manchester wurden wach. Dort wurden wir in den 1960er-Jahren regelmäßig aufgrund der Erbsensuppe, so der Spitzname des Smogs, früher von der Schule nach Hause geschickt. Wenn dieser Zustand typisch für das moderne China ist, war es gut, dass der Fahrplan des Schiffes in letzter Minute umgestellt worden war.

Das Umfeld mochte sich in den fast dreißig Jahren, seit ich zum letzten Mal im Land gewesen war, verändert haben, die besondere, herabschauende Arroganz der Guides ist jedoch gleich geblieben. Die Grundregel bei Reisen lautet: anpassen, und das gilt insbesondere für dieses Land. Das Verhalten und auch die

Spielregeln sind eben anders in China, wo ein Ja weder eine Zusage noch eine Befürwortung ist und das nicht Ausgesprochene mehr aussagt als Wörter. Unser Guide, es war eine Frau von nicht schätzbarem Alter, zeigte sich uns gegenüber viel freundlicher als am Vortag. Wohl wissend, welch wichtiger Anlass das chinesische Neujahr ist, entschuldigte ich mich bei ihr im Namen aller Teilnehmer, dass sie nicht, wie fast ganz China, den Tag vor dem chinesischen Neujahr zu Hause verbringen konnte, wo sie sicherlich Vorbereitungen hätte treffen müssen, sondern eingeteilt worden war, uns durch ihre Stadt zu führen. Wenigstens würden wir nur vormittags unterwegs sein, denn jeder möchte frisch und ausgeruht für die abendlichen Festivitäten sein.

Ziel unseres Ausfluges waren das Huxingting-Teehaus und der Yu Yuan[1] in der Altstadt, Orte, die sich meinem Gedächtnis eingeprägt hatten und die ich besonders schätze. Einst hatte ich mit Binette Schroeder und ihrem Mann Peter Nickl mehrere Tage in Schanghai als Belohnung für den Messedienst in Qingdao verbracht. Die 1980er-Jahre waren noch die Zeit von blauen Mao-Anzügen, Tausenden Fahrrädern, Straßenhändlern und besser zu vermeidenden öffentlichen Toiletten. Die Altstadt war damals ein besonderer Ort. Binette und Peter kannten sich aufgrund einer früheren Reise aus, und unauffällig gekleidet konnten wir uns unter das Volk mischen. Das Labyrinth von engen Gassen, winzigen Innenhöfen, kleinen Geschäften und Handwerksbetrieben dicht nebeneinander hatte etwas von einem Suk an sich

---

[1] www.visitourchina.com/Shanghai/attraction/yuyuan-garden.html
Adresse: 218 Anren St, Huangpu Qu, Shanghai Shi, China (nur zu Fuß erreichbar)

gehabt. Es hatte nach Nudeln, Ingwer und Schweiß gerochen, hier hatten Menschen gewohnt und gearbeitet.

Niemand hat mich gewarnt: sie haben die Altstadt abgerissen. Auf dem Plan gab es sie noch. Desorientiert, als wir aus dem Bus stiegen, glaubte ich, es wäre ein Zwischenhalt, um Souvenirs zu kaufen. Doch als dann das markante Huxingting-Teehaus vor uns lag, wusste ich Bescheid. Man hat sich bemüht, die neue Altstadt architektonisch anzupassen. Pseudo-klassizistischer chinesischer Stil samt fliegenden Dächern, Lattenwerk und viel Ochsenblutrot war angesagt. Aber versehen mit einem hohen Erdgeschoss und zwei bis drei Stockwerken darüber, sind die Bauten eine Nummer zu groß, die Ladenfronten zu breit und die Beschilderung zu einheitlich, es fehlt an Charakter.

Statt organisch und verzahnt ist die neue städtebauliche An-ordnung nunmehr genau geregelt, Block an Block in Raster ge-setzt, mit breiten Fußgängerstraßen dazwischen. Es besteht zwar weniger die Gefahr, sich wie früher hoffnungslos zu verlaufen, mehr Menschen können aufgenommen werden, bei dem Be-völkerungszuwachs sicherlich gut, es gibt mehr Ladenflächen, aber es fehlt an der Kleinstruktur. Die Mieten in der neuen Alt-stadt waren zu hoch für die kleinen Handwerksbetriebe, diese verschwanden; so das Geschäft mit den kleinen, bezaubernden Yixing-Teekannen, die den Anschein erwecken, eher in die Pup-penstube als auf den Esstisch zu gehören, ebenso der Laden mit den handgemachten Pinseln und Tinte für Kalligrafie. Ob etwas wirklich heute von Hand gemacht oder tatsächlich eine Antiqui-tät ist, steht in den Sternen.

Halb China schien sich am Tag unseres Besuchs in den Ge-schäften und Straßen der neuen Altstadt aufzuhalten. Eigentlich konnte das keine Überraschung sein, schließlich war es das chinesische Neujahrsfest. Die Straßen waren prächtig geschmückt, rote Lampions in Pagoden- und Mondform mit gelben, herabhängenden Fransen baumelten zwischen den Bauten. Der Höhepunkt jedoch war die Wasserfläche um das Huxingting-Teehaus, es war in eine Art chinesisches Disneyland verwandelt worden. Ein Bogen riesiger Rosen in Orange, Rot, Gelb und gar Blau schwebte über der Wasserfläche, darunter war eine Szene aus einem Märchen aufgebaut. Felsen, Vögel, eine Mondbrücke und ganz viele pinkfarbene, blühende Winterkirschen. Dass die Darbietung etwas mit Liebe zu tun hatte, war an dem absolut nicht chinesischen Cupido samt Pfeil und Bogen zu erkennen, der auf einer ionischen Säule balancierte. Die Vollendung waren übergroße Lotusblumen aus Kunststoff.

Von unserem Platz im ersten Stock des Teehauses hatten wir die beste Aussicht auf die Neujahrsdekoration und das Geschehen. Erbaut 1784 und erst seit Ende des 19. Jahrhunderts als Teehaus benutzt, hat das historische Bauwerk trotz seines Bekanntheitsgrads sein besonderes, authentisches Flair beibehalten. Das Holzhaus mit geschwungenen Dächern wird oft als Symbol für Schanghai abgebildet; man hat deshalb die Befürchtung, es würde ganz vom Tourismus in Beschlag genommen. Dies ist nicht der Fall, wenigstens war es 2014 nicht so, als wir dort waren. Man sitzt dort, wenn auch auf Hockern, gut; der dampfend heiße grüne Tee war besonders willkommen, denn die feuchte Kälte kroch uns in die Knochen.

Von dort zum Yu Yuan geht man normalerweise wenige Minuten, die Neun-Kurven-Brücke über den See zum Teehaus war aber inzwischen verstopft. Sie ist im Zickzack gebaut, um bösen Geistern den Zugang zum mittig liegenden Haus zu erschweren. Da alle stehen blieben, um die Neujahrsdekorationen zu bewundern, kam niemand weiter. Die Brückenaufsicht hatte notgedrungen ein Einbahnsystem eingeführt, glücklicherweise in die von uns gewünschte Richtung. Die Frage war nur, wie wir uns als Gruppe fortbewegen konnten. Es half nur eins: wie bei einer Poolparty an Bord des Schiffes die Hände auf die Schultern des anderen zu legen, eine Schlange zu bilden und sich so durch die Menschenmassen zu schlängeln. Singen hilft, Beinbewegungen optional! Wie ein Wunder öffnete sich ein Weg für uns, die Passanten lächelten uns zu, manche klatschten, denn so fremd war die Polonaise nicht. Hätten wir Drachenkostüme angehabt, hätten wir wunderbar ins Szenario gepasst.

An der anderen Seite des rechteckigen Sees, zum Garten hin, ging es viel ruhiger zu, die Aufseher waren gerade am Aufsperren, und so kamen wir als Erste in den Garten hinein. Welche Ehre, besser hätten wir es nicht treffen können. Alle konnten aufatmen, sogar der Guide; sie hatte sich köstlich über unsere ungewöhnliche Fortbewegungsart amüsiert und war froh, uns vollzählig im Garten zu sehen.

Während es draußen getobt hatte, war es hier still. Nach dem Gedränge schien es hier besonders weiträumig zu sein, es war auch deutlich heller, als ob das graue Schanghai-Wetter hier nichts zu suchen hätte. Der Eingang ist, typisch für klassische chinesische Gärten der Ming-Dynastie, bescheiden gehalten. Wie bei einer Schleuse ging man durch eine Reihe von Toren und Gängen, aber durch was für welche! In Vasenform gestaltet, vermitteln die Tore die eindeutige Botschaft, dass man hier etwas Besonderes betrete. Erläuterungen erübrigten sich, denn von Anfang an wird die Qualität des Gartens deutlich. Er entfaltet sich nur allmählich, als ob er sich Stück für Stück vorstellen wolle. Erst ergibt sich ein Blick auf durchlöchertes Gestein, dann auf einen überhängenden Strauch und schließlich auf ein Fenster. Was als Nächstes kommen wird, ist unklar, man wird nach rechts geführt, und plötzlich steht man in einer idealisierten Landschaft: eine Wasserfläche, umrahmt von Böschungen und Erhebungen, aufeinander geschichtete Steine und dazwischen Bäume, die sich malerisch an die Steine klammern. Und halb kaschiert sieht man die dunklen Dächer von Pavillons.

Plötzlich ist man Welten entfernt vom urbanen, pulsierenden Leben. Mit den leichten Nebelschwaden um und zwischen den Bäumen auf der Anhöhe ist es, als sei man tatsächlich in den Bergen. Dies ist erst der Anfang einer Folge von Gartenräumen. Zwischen jedem Bereich, als quasi neutrale Zone, ist eine Passage oder ein Gang. Der Weg ist nie gerade, sondern immer verwinkelt. Proportionen werden verzerrt, Illusionen herbeigezaubert, und so hat man das Gefühl, die Landschaft und die Natur würden in den Garten gelockt.

»Yuan« bedeutet mehr als nur Garten; 園, das chinesische Symbol, ist ein Quadrat, das als abstrakter Baumstamm mit zwei waagerechten Ästen darüber interpretiert werden kann. Es bezieht sich auf die Wechselbeziehung zwischen Bauwerken und Freiräumen. Diese werden als Einheit konzipiert und bilden einen Mikrokosmos, eine ideale Welt, abgeschirmt durch hohe Mauern von dem, was draußen geschieht. Nichts ist beiläufig, alles ist mit Bedacht geplant, vom Bodenbelag bis zu den Steinen, vom Lattenwerk der Fenster bis zum Verlauf der überdachten Gänge und zu den Pflanzen selbst.

Der zwei Hektar große Yu-Garten, ein UNESCO-Weltkultur-erbe, wurde 1559 bis 1577 von Pan Yunduan, dem Verwalter der Provinz Sichuan, erbaut und im Jahre 1956 restauriert. Er ist angelegt im Stil der Gärten von Suzhou, die für Personen ähnlich gehobener Positionen gebaut wurden. Damals waren diese Gärten Luxusobjekte, etwas für die intellektuelle Elite oder für die, die es gerne sein wollten. Die Namen der Gärten hatten große Bedeutung. »Yu« kann im Sinne von »sich amüsieren« übersetzt werden oder, hier zutreffender, mit »sich unterhalten auf ungezwungene Art«, und dazu gehörte das Bewundern von Steinen.

Wie man heute Alte Meister sammelt, wurden damals Steinstelen als Kunstwerke der Natur betrachtet und zu Höchstpreisen gekauft, sie waren der Stolz jedes Gartenbesitzers. Die Krönung des Yu-Gartens ist Yu Ling Long, der Jade-Stein, der aus dem Süden stammt, vom Tai-See nahe der Stadt Wuxi. Er war ursprünglich für den Kaiser vorgesehen. Das Transportschiff kenterte aber bei Schanghai, die Ladung wurde geborgen und fand ihren Weg zum Garten des Beamten Pan Yunduan. Schlank, durchlöchert und voller Charakter, verkörpert dieser Stein alles, was man damals in einem Solitärstein suchte, *zhou*, Rauheit, *shou*, Schroffheit, und *tou*, Transparenz, auch wenig poetisch als durchlöchert beschrieben. Chinesische Gärten sind mit Gegensätzen durchwebt, Leichtigkeit und Schwere, Eleganz und Grobheit, Schatten und Licht, all dies verkörpert in diesem Stein.

Als würde man einem Theaterstück zuschauen, wirken diese Gärten am besten, wenn man sich selbst damit auseinandersetzt, wenn eine Szene nach der anderen sich entfalten kann und man je nach Gemütslage entscheidet, wo man sich niederlässt. Wörter sind überflüssig, gar störend. Hier herrscht, wenn man so will, Wellness pur, denn diese Gärten sind etwas für das Herz und die Seele. Für den europäischen Geschmack ist vieles gewöhnungsbedürftig, vor allem, dass eine verhältnismäßig übergroße Fläche des Gartens mit Wasser bedeckt ist. Seen sind ein wesentlicher Bestandteil der malerischen chinesischen Landschaft. So ziehen sich Teiche und Bäche von Gartenraum zu Gartenraum, nicht alle sind miteinander verbunden, aber sie erwecken den Anschein, die Bauten stünden am Ufer eines Sees. Das Wasser ist still, spiegelnd oder bewegt, es wird vom Wind gestreift oder plätschert über Steine. Pflanzen säumen das Ufer und schwimmen an der Oberfläche, Zickzack-Brücken und Mondbrücken überspannen das Wasser, und immer gibt es an prägnanten Stellen Bänke, auf denen man die Szene auf sich wirken lassen kann.

Wenn es einen Bereich gibt, der die Essenz dieses Gartens für mich verkörpert, dann ist es dort, wo der Bach durch eine halbmondförmige Öffnung in die hohe Mauer fließt. Zwischen Gängen und Pavillons, auf beschränkter Fläche, ist eine Berglandschaft inszeniert. Beidseits des dunklen Baches baut sich eine mit Steinen willkürlich geschichtete Böschung auf. Kleine Farne wachsen linkerhand spärlich in den Ritzen, ein Strauch mit malerischen Ästen heftet sich an den Steinen fest, die aufrechten Stängel einer Bananenstaude suchen den Schutz der Mauer, und hölzerne Bauten schienen aus dem Boden entsprungen zu sein. Rechts lehnen sich zwei dreieckige weiße Steine gegen die Böschung. Ein mehrstämmiger Japanischer Ahorn, noch in voller Belaubung, spannt sich wie ein Schirm darüber und spiegelt sich im Wasser. Immergrüne Ziergräser drapieren sich über die oberen Steine, Efeu wächst dazwischen, und als ob es das Selbstverständlichste der Welt wäre, ragt ein Kalkstein zwischen den Felsen in die Höhe, der obere Teil leicht geknickt und durchlöchert. All dies kann man von einem Pavillon aus sehen. Je länger man schaut, desto mehr sieht man auch den Drachen aus Ton, der wie eine Raupe scheinbar entlang der Mauerkrone kriecht.

Ein Spaziergang durch den Garten wird zu einem Abenteuer. Berge können bestiegen und Wasser kann überquert werden. Und weil alles im Einklang mit der Saison ist, weiß man anhand der Blüten, der Blätter und des Schattenwurfs, in welcher Jahreszeit man sich befindet. Bei unserem Besuch blühen die Winterkirsche, auch die gelbe Kornelkirsche *(Cornus mas)* und einzelne Kamelien sowie die weiß blühende *Camellia sasanqua*. Die Blüten sind stets eine Untermalung, nicht die *raison d'être* des Gartens. Die Bauten sind hier Unterkünfte, Empfangsräume, auch Rückzugsorte, ihre Fenster und Türen bilden Rahmen, »Durchblicke auf eine andere Welt«[2], die den Geist des Gartens verkörpern. In einem Pavillon zu sitzen, zu beobachten, wie der Wind durch die Bäume streift, wie das Licht changiert, gar wie Regen auf den Teich fällt, war ein Genuss.

Orte zu besuchen, die einen tief beeindruckt haben, ist immer gefährlich. Das erste Mal in Yu Yuan begegneten wir Xu Boqing, einem Mitglied des chinesischen Kalligrafie-Vereins. Sein Atelier war im Garten, denn er gewann seine Inspiration von dort. Er zeigte uns seine Arbeit, und, als Andenken, schenkte er uns ein Gedicht. Da es geschrieben ist in der schönsten, elegantesten

---

[2] Aus *The Craft of Garden*, Ji Cheng, Yale University Press, 1988, dem Standardwerk über chinesische Gärten, geschrieben 1582 und von Alison Hardie übersetzt.

Schrift, die ich je gesehen habe, in der jeder Pinselstrich eine Bedeutung hat, begreift man die Ausgewogenheit und Harmonie des Geschriebenen, ohne die Wörter zu verstehen. Und genauso ist der Garten: Man muss weder alles verstehen noch jede Pflanze kennen, wichtig ist, wie man sich dort fühlt. Für unsere kleine Gruppe war der Garten eine heile Welt, ein Refugium, geschützt vor dem, was außerhalb der Mauer liegt, genauso wie es im 16. Jahrhundert zu Zeiten des Gründers war. Als UNESCO-Weltkulturerbe wird der Garten hoffentlich auch künftige Generationen erfreuen.

Das Wetter klarte auf, die Wintersonne kam durch, wir hatten noch Zeit, als wir den Garten verließen. Da nun ein Kontrastprogramm angebracht schien, beschlossen wir spontan, Pudong, das Finanzzentrum, aus der Nähe anzusehen und die Aussichtsetage des 421 Meter hohen Jinmao-Wolkenkratzers zu besuchen. Ich verfügte über das nötige Geld, unser Guide, inzwischen aufgeschlossen und freundlich, konnte uns Karten verschaffen, und dies nicht, wie sie betonte, zu exorbitanten Preisen. In Windeseile sausten wir mit dem Lift nach oben, ohne Anstehen, ohne Menschenmassen. Die Aussicht war nicht perfekt, aber viel besser als am Vortag, als man nur bis zum nächsten Wolkenkratzer hatte hinüberschauen können. Von oben betrachtet, war die Baudichte der Stadt beidseits des Flusses beeindruckend, gar angsterregend: Hochhäuser wie aufrechte Dominosteine unterschiedlicher Größe, soweit das Auge reichte.

Während tagsüber die Menschenmasse dominierte, begannen die Bauten nachts zu leben und verwandelten sich in Lichtobjekte, eines großartiger als das andere. Zur Feier des chinesischen Neujahrsfestes hatten die Licht-Ingenieure sich selbst übertrumpft. Fassaden waren angeleuchtet und Turmspitzen glühten. Die goldene Krone des Westin-Hotels leuchtete hinter dem Bund, wo sich auch die anderen Bauten festlich geschmückt hatten. Die größte Schau bot jedoch das Finanzzentrum auf der anderen Seite des Ufers. Der Oriental-Pearl-TV-Turm verwandelte sich in eine riesige rote Skulptur, das Shanghai World Finance Centre stach als riesiger türkisfarbener Flaschenöffner in den Himmel empor. Wasserfälle von abwechselnd blauem und rotem Licht fielen an den Glasfassaden der anderen Hochhäuser herab, Formen wurden mit Farben betont, Etagen mit Lichterketten definiert, alles spiegelte sich auf dem Wasser, als ob es eigens für die MS »Deutschland« und seine Gäste gestaltet worden wäre. Mit einer spektakulären Lichtschau Abschied zu nehmen von Schanghai und auch vom Schiff war der perfekte Abschluss einer spannenden Gartenkreuzfahrt.

Gärten und mehr

Verliebt in Savannah

Manchmal werden Träume wahr. Zwei Jahre später als ursprünglich geplant, war ich endlich in Savannah, der Hauptstadt von Georgia, einer Stadt, die mich seit meiner Jugend faszinierte. Schuld an allem sind der Film »Vom Winde verweht«[1], vor allem die Protagonistin Scarlett O'Hara, Ray Charles' Version des Liedes »Georgia on My Mind« und die elegante koloniale Architektur der Südstaaten. Eigentlich hätte ich diese Stadt an der Ostküste der USA mit der MS »Deutschland« besuchen sollen. Alles war vorbereitet, die Gartenbesuche waren bestellt, die Routen geplant, aber das Gartenpaket wurde mangels Teilnehmern storniert, nur um kurz darauf wieder ins Leben gerufen zu werden, denn man wollte die Gäste doch nicht enttäuschen. In der Zwischenzeit hatte ich eine andere Verpflichtung angenommen, und die kleine Gruppe fuhr ohne mich, mit Antonius Bösterling als Führer.

Das Schicksal führte mich dann doch noch nach Savannah, und statt nur einen Tag dort zu verbringen, waren es sechs; statt nur an der Oberfläche zu kratzen, durfte ich tiefer schauen. Was

---

[1] Film-Klassiker von 1939, nach dem gleichnamigen Buch Margaret Mitchells von 1936

ich fand, hat mich überrascht, entzückt und ein neues Kapitel in meinem Leben eingeleitet. Auslöser war die Einladung, einen Vortrag über mein Buch *First Ladies of Gardening*[2] beim Gartenclub Seeds & Weeds in Savannah zu halten. Der Kontakt kam zustande dank Alexandra Messervy, der Geschäftsführerin von The English Manner[3] in England. Ihre Mitarbeiterin, Lara Brotherton, stammt aus Savannah, und ihre Freundin, Royceanne Friedman, Drahtzieherin und Publicity-Managerin par excellence, ist Mitglied des Gartenclubs. Gedacht war an einen Event, einen *Fundraiser*, der das Profil des Clubs steigern und Geld für grüne Wohltätigkeitsprojekte sammeln sollte. Bei den amerikanischen Gartenclubs geht es um mehr als um Gärtnerisches oder gesellschaftliche Ereignisse, sie haben philanthropische Ziele.

So ganz wusste ich nicht, was mich erwarten würde. Bücher, Bilder, Pläne und Gespräche bereiten einen vor, aber sie sind kein Ersatz für die Realität. Sie können nicht den Duft des Ortes, die Geräusche, die Stimmung, das Leben und vor allem nicht die Herzlichkeit übermitteln. Es ist nicht einfach, den Begriff *Southern Charm* richtig zu übersetzen, denn er bedeutet wesentlich mehr als nur südlichen Liebreiz. Er meint eine Lebensart und eine Einstellung, die in den Häusern, der Küche, im Verhalten und auch in den Gärten zu finden ist: Respekt für Altes und Tradition, aber Aufgeschlossenheit für das Moderne. Genau das, was man in England zu finden erwartet und was man inzwischen nur noch selten antrifft.

---

[2] Heidi Howcroft, *First Ladies of Gardening* (Fotos: Marianne Majerus), herausgegeben 2015 von Frances Lincoln, London, die englischsprachige Lizenzausgabe von *Englische Gartenikonen*.
[3] www.theenglishmanner.com

Mr. Dennis stand an der Gepäckausgabe des Hilton-Head-Flughafens, ein Southern Gentleman durch und durch, höflich, korrekt, zuvorkommend. Sowohl als Chauffeur wie auch als Guide sollte er mir während meines ganzen Aufenthalts zur Verfügung stehen. Welcher Luxus! Ich war Miss Heidi, und Miss Lara hatte ihn bestellt. Ohne jegliche Ironie wurden alle, egal, welchen Alters und Sozialstatus, mit diesem Attribut und Vornamen angesprochen, Herren mit Mr. und Damen als Miss. Wer behauptet, die amerikanische Sprache hätte keine Höflichkeitsform mehr bei der Anrede, muss nur die Südstaaten besuchen.

Die größte Überraschung war jedoch Savannah selbst, es ist die Gartenstadt der Superlative. Warum nicht mehr Gartenreisen dorthin führen, ist mir ein Rätsel, denn hier gibt es auf Schritt und Tritt mehr zu sehen und zu erleben als in vielen anderen Städten. Nimmt man die weite Umgebung dazu, könnte man nicht nur Tage, sondern Wochen füllen. Sowohl die Gärten als auch der grüne Rahmen von Straßenbegleitgrün und Plätzen sind beispielhaft.

Die Straßenbäume in den historischen Stadtteilen rauben einem den Atem. Breitkronige, ausladende, immergrüne Lebens-Eichen *(Quercus virginiana)* bilden Laubdächer über den Fahrbahnen und schmücken die Parks, die Plätze wie auch die Plantagenhäuser. Das Markanteste und Sonderbarste an ihnen sind die Epiphyten, die sie beherbergen, silbergraues, herabhängendes Spanisches Moos. Auf den ersten Blick meinte ich, es würde sich um eine Dekoration für Halloween handeln, schließlich war es Ende Oktober, und die Amerikaner schmücken ihre Vorgärten gerne, warum nicht auch die Stadt? Mr. Dennis klärte mich auf, es sei immer so und wenn mich dies beeindrucke, solle ich die über zwei Kilometer lange Allee der Wormsloe Plantation[4] ansehen, die sei eine Pracht.

Savannah liegt auf dem 32. Breitengrad, das Klima ist subtropisch mit hoher Luftfeuchtigkeit. Während die Temperatur Ende Oktober angenehme 23 Grad Celsius beträgt, sind Juli und August unerträglich heiß und feucht. Wer es sich leisten kann, verlässt die Stadt im Sommer und weicht auf einen der Orte entlang der Küste aus oder zieht ins Landesinnere in die Berge. Das einzige Wesen, das sich über diese Witterung freut, ist das Spanische Moos *(Tillandsia usneoides)*. Es ist in Wirklichkeit kein Moos, sondern ein Bromelie, besitzt keine Wurzeln, sondern entnimmt seine Nahrung der Luft und verwendet die Eichen nur als Stütze. Die Lebens-Eichen wurden hauptsächlich im 19. Jahrhundert gepflanzt, aber sie sind bei Weitem nicht die einzigen Straßenbäume, denen man in Savannah begegnet. Der Amerikanische Amberbaum *(Liquidambar styraciflua)* wie der Tupelobaum *(Nyssa sylvatica)*, beide mit wunderschöner Herbstfärbung, wurden ab den 1920er-Jahren vornehmlich in den neueren Stadtteilen als Alleen gepflanzt. So kann man auf eine gewisse Weise das Alter eines Quartiers von den Bäumen ablesen.

Der Grund für Savannahs Grünstruktur ist der beispielhafte Städtebau. Er setzt diese Stadt von allen anderen der USA und auch Europas ab. Zurückgehend auf einen Plan aus dem Jahr 1733, verkörpert sie die Vision eines Mannes, James Edward Oglethorpe. Vom Flussufer ausgehend, legte der schottische Berufssoldat eine neue Stadt für die neuen Siedler an, basierend auf

---

[4] www.gastateparks.org/Wormsloe
Adresse: 7601 Skidaway Road, Savannah, GA 31406, Chatham County

einem Raster von Straßen und Plätzen, untergliedert in Karrees. Wie auf einem Schachbrett wurde, oben beginnend, ein Quadrat nach dem anderen besiedelt und bebaut, bis die Reihe voll war; erst dann wurde die nächste Reihe begonnen. Die Grundeinheit war eine Blockbebauung, ausgehend von einem mittigen Platz, einem sogenannten Square. Das Karree war fundamental, nicht nur für den Städtebau, sondern auch als Verwaltungseinheit, eine logische Aufteilung der Stadt mit dem Ziel, eine funktionsfähige Gesellschaft zu bilden.

24 Squares, quadratische, grüne Plätze, waren anfangs vorgesehen, jeweils durch ein Raster von Straßen miteinander verbunden, 22 existieren heute noch. Die meisten sind noch intakt und stehen, wie die ganzen zehn Quadratkilometer der großen historischen Stadt, unter Denkmalschutz. Die Squares waren nie wie ihr Londoner Äquivalent eingezäunt, sondern offen zugänglich. Heute bilden sie grüne Oasen, ausgestattet mit schattenspendenden Bäumen, Sitzbänken, Brunnen und auch Blumenbeeten. Olethorpe legte fest, wie die Parzellen um die Squares bebaut werden sollten: Eine Seite war den öffentlichen Einrichtungen wie der Kirche, der Schule oder einer Gemeindehalle vorbehalten. Gegenüber konnte ein einzelnes Haus oder eine Villa stehen, und auf der anderen Seite beziehungsweise an den Eckgrundstücken der nord-südlich verlaufenden Straßen, die direkt auf die Squares zuführen, war der Auftakt der Häuserzeilen, die die Straßen flankieren.

Zwischen einem Square und dem nächsten, quasi als Grenze der Gemeinden, verläuft eine durchgehende Nord-Süd-Straße sowie eine, die in Ost-West-Richtung führt. Die breiten Straßen wurden mit Alleen geschmückt, die in vier Meter breiten Baumstreifen oder, wie die Einheimischen es bezeichnen, in *tree lawns* stehen. Angrenzend dazu und parallel zur Häuserflucht ist ein ebenso breiter Bürgersteig. Alles, was man über die Städte in den USA gehört hat, muss man hier vergessen. Die *sidewalks* von Savannah sind zu begehen, nicht nur zu bestaunen. Und man geht, mit oder ohne Hund. So ist die Stadt voller Leben, mit Studenten des Savannah College of Art and Design (SCAD), feinen alten Herren mit Panama-Hut und Spazierstock oder Müttern in Jogginghosen, die ihre Sprösslinge im Kinderwagen im Laufschritt vor sich her schieben.

Mr. Dennis drehte mit mir eine Orientierungsrunde von Platz zu Platz, erläuterte, woher die Namen stammten: anfangs waren es die Stadtväter, später verewigte man die Namen wichtiger Schlachten. Er erklärte mir, wie man vom Baustil ablesen kann, wann das Viertel gebaut wurde. Auffallend ist, wie die Squares, trotz einheitlicher Größe, jeweils einen anderen Charakter haben. Während unserer Rundfahrt begegneten wir immer wieder Herrchen und Hunden in sonderbaren Kostümen, als ob sie zu einem Faschingsfest eingeladen wären und beschlossen hätten, im Partnerlook aufzutreten. Es gab vierbeinige wie zweibeinige »Löwen«, eine ganze Familie Dalmatiner, bestehend aus einem Hund, tatsächlich ein Dalmatiner, zwei Kindern und Eltern, selbstverständlich alle in Pünktchen-Verkleidung. Roboter-Hunde und Roboter-Herrchen gab es auch, sowie Punk-Paare mit gefärbtem Haar beziehungsweise Fell, der Phantasie waren keine Grenzen gesetzt.

Es war Dog-o-Ween, eine Wohltätigkeitsveranstaltung, eine Art Halloween-Schnitzeljagd mit Hund. Nicht schwierig zu veranstalten in einer Stadt, die mit Geister-Touren wirbt. Wäre ich nicht fast von einem Bus in Gestalt eines offenen Sarges überfahren worden, hätte ich dies für eine Marketing-Strategie gehalten. Ich weiß nicht, wer mehr erschrak, die schwarz gekleideten Insassen der Tour oder ich. Aber jetzt weiß ich es besser: Nimm nie Abkürzungen über leere Grundstücke in der Dämmerung!

Savannah ist verführerisch. Die Stadt ist wie eine alte Dame, geprägt von einem modernen Geist kreativer junger Designer und Filmemacher. Das Schicksal der Stadt war immer eng mit der Wirtschaft verbunden. Die Boom-Jahre des 19. Jahrhunderts, als die Baumwolle König war, wurden durch den Bürgerkrieg unterbrochen und endeten mit der Einfuhr von Billigwaren aus dem Ausland und dem Aufkommen von synthetischem Stoff. Savannah schlummerte und gammelte vor sich hin. Die einst prächtigen Häuser wurden aufgeteilt oder sich selbst überlassen. Es gab immer wieder Bemühungen, sie abzureißen, aber die Investoren und Baufirmen hatten nicht mit den Frauen von Savannah gerechnet: stets perfekt gekleidet und höflich, sind sie aber auch tapfer und hartnäckig. Sie gingen auf die Barrikaden, als die historische Stadt bedroht war, schickten Petitionen nach Washington und gründeten 1955 die Historic Savannah Foundation[5]. Geld wurde gesammelt und historische Häuser wurden gerettet, oft unter den Augen der Baufirmen. Auf diese Weise wurden nicht nur das architektonische Erbe, sondern auch wichtige Einblicke in die amerikanische Geschichte gesichert.

Baustile aller Epochen sind in Savannah vertreten, von kolonialer Holzarchitektur vom Ende des 18. Jahrhunderts bis zu hochviktorianischen Villen vom Ende des 19. Jahrhunderts; von

[5] www.myhsf.org

Klassizismus über Neugotik bis zur inspirierenden Sachlichkeit der Shaker und allem dazwischen. Nicht nur die Fassaden, auch das Interieur und die Ausstattung vieler Bauten sind unverändert und bilden Architekturschätze ohnegleichen. Das Owens-Thomas-House[6] vom Anfang des 19. Jahrhunderts an der Abercorn Street bietet einen einmaligen Einblick in das amerikanische Leben jener Zeit. Die für Bauparzellen festgelegte Grundstücksgröße hatte ein Achsmaß von etwa 20 Metern bei einer Tiefe von 30 Metern, die Filetstück-Parzellen an den Squares hingegen waren mit 60 Metern doppelt so tief und boten Platz für Wirtschaftsgebäude und einen Garten, welcher der Architektur würdig war. Auch wenn Obstbäume gepflanzt wurden, war ihre Hauptfunktion die Zierde. Gärten für Gemüse wie auch für andere Ertragspflanzen gab es am Rande der Stadt auf dem Land, ausgewiesen durch den Oglethorpe-Plan.

Auch das Davenport House[7], der Gründungsort der Historic Savannah Foundation, vermittelt einen Eindruck, wie das Leben in Savannah anno 1820 war. Das Haus wurde als Musterhaus von Isaiah Davenport gebaut. Kunden konnten sich aussuchen, welche Türen, Holzböden, Tapeten und mehr sie haben wollten. Auch dort gibt es einen Garten, angelegt von keiner Geringeren als der hochangesehenen englischen Gartenexpertin Penelope Hobhouse, die den Stil eines historischen Gartens der Zeit mit formal ausgelegten Wegen und Beeten nachempfunden hat.

---

[6] www.telfair.org/visit/owens-thomas
Adresse: 124 Abercorn St, Savannah, GA 31401, USA
[7] www.davenporthousemuseum.org
Adresse: 324 E State St, Savannah, GA 31401, USA

Die Anzahl an beispielhaften historischen Häusern ist beeindruckend, aber es ist das Gesamtensemble, das besticht. Ein Spaziergang entlang der East Gaston Street und weiter zur West Gaston Street oder an der East Gordon und der East Taylor Street brachte mehr grüne Überraschungen, als ich je in einer anderen Stadt erlebt habe. Gartentore luden ein zum Durchschauen, es gab Baumstreifen zu bewundern, sie waren wie Minigärten, eine Art Vorgärten für alle, manche als Parterres, andere als subtropische Blumenrabatten ausgebildet. Auch das, was man nicht sah, sondern nur ahnte, war reizvoll: eine Magnolie, die über eine Mauer ragte, eine Palme, die sich in die Höhe streckte, Schlingpflanzen, die von einem nicht sichtbaren Ursprung herüberwuchsen. In Savannah gibt es geheime, verborgene Gärten noch und noch, und die wollte ich sehen.

Einige Mitglieder des Gartenclubs haben mir Einlass in ihre Stadtgärten gewährt. Jeder für sich ist einzigartig, stilvoll und zeitgenössisch, absolut nicht altbacken, wie man es vielleicht in einer historischen Umgebung erwarten würde. Das Erstaunlichste dabei ist, was sich selbst auf kleinstem Raum und ungünstigstem Grundstückszuschnitt hervorzaubern lässt. Die Gärten der Reihenhäuser sind nicht mehr als ein Innenhof, ein Durchgangsplatz zum dahinterliegenden Kutscherhaus, eine Standardausstattung aller Grundstücke innerhalb der historischen Stadt. Einem Clubmitglied ist es gelungen, den gepflasterten Hof in eine blühende Oase zu verwandeln, indem sie alle Wände mit Pflanzen geschmückt hat: Hängekörbe, Kletterpflanzen, Pflanztöpfe entlang den Mauerkronen und ein schicker Wandbrunnen, umgeben von schmückendem, grün gestrichenem Lattenwerk. Eine Scheinbuche und Magnolien stehen in großen Töpfen, und so sind, ohne den Bereich zu unterteilen, gemütliche Sitzecken geschaffen. Das alles kann sie von ihrem großzügig dimensionierten Balkon aus genießen.

Auf der anderen Seite des Blocks sind die Häuser als Doppelhäuser ausgeführt, jedes mit einem schmalen seitlichen Gartenstreifen, kaum breiter als fünf Meter. Wie bei den Reihenhäusern führen Treppen zum Hauseingang, geschmackvoll mit Blumentöpfen versehen. Dass man Haus und Garten als Einheit betrachtet, wurde mir beim Besuch des zweiten Gartens deutlich. Dank der großen Straßenbäume und der großzügigen Breite der Straßen ist die Aussicht vom Wohnraum aus auf die Häuser gegenüber wie durch Bäume gefiltert. Wenn ich es nicht besser gewusst hätte, hätte ich meinen können, ich sei in einem Park. Der kleine seitliche Garten verstärkt noch das Gefühl, von Grün umgeben zu sein; dies liegt aber an der geschickten, schlichten Gestaltung. Ein gerade verlaufender Natursteinweg führt auf eine schwarze, gusseiserne, geschnörkelte Sitzbank am Ende des Gartens zu, beschattet durch einen ausladenden Baumfarn. Rechts und links ist die Pflanzfläche leicht schräg aufgeschüttet und mit niedrigen, dunkelgrünen Ziergräsern bepflanzt, die an eine Buchsbaumhecke anschließen und bogenförmig durch die Fläche führen. Die Pflanzflächen beidseits des Weges sind nicht spiegelbildlich, sondern locker bepflanzt unter Verwendung einer reichen Palette von Gehölzen und Stauden mit herrlichem, leicht glänzendem Laub, so etwa Magnolien, großblättrige Elefantenohren *(Alocasia)*, Kahili-Ingwer *(Hedychium)*, Efeuaralie (× *Fatshedera lizei)* wie auch Gruppen von Farnen. Pflanzen, die man in Europa in Glashäusern antreffen würde und die hier wie selbstverständlich wirken.

In der anderen Richtung gibt es als Endpunkt ein leicht erhöhtes Wasserbecken, einen Pool zum Eintauchen bei zu großer Hitze. Der Rest des L-förmigen Gartens ist mit einer dunkelgrau gestrichenen Pergola versehen, berankt von einer Glyzinie. Die Ausstattung mit hellgrauen Rattan-Möbeln, Laternen und cremefarbenem Lattenwerk an den Wänden sowie offenem Kamin erzeugt das Gefühl, in einem wahren Gartenzimmer zu sein.

Alte-Welt-Eleganz strahlt aus dem Garten in einer der vornehmsten Straßen der Stadt, die erst gegen Ende des 19. Jahrhunderts gebaut wurde. Die Häuser sind hier größer, manche sind villenähnlich und füllen fast das gesamte Grundstück aus, und was als Garten übrig bleibt, ist nicht mehr als eine Restfläche, ein Saum an zwei Seiten des Hauses. Um eine gewisse Großzügigkeit vorzutäuschen, hat man die Flächen gepflastert und Pflanzbeete mal schmal, mal etwas breiter zur Hauswand und zur Grenzmauer hin angelegt. Bestechend sind die Details: der schlanke Scheinbuchen-Bogen vorm Gartentor, die Ziegelsteineinfassung um die Beete und die anschließende umlaufende Reihe von Ziegelsteinen, die als Rahmen der Natursteinplatten wirkte. Alte Naturstein-Kaminumfassungen aus Frankreich haben hier ein neues Leben als Wandbrunnen gefunden. In der Öffnung, wo sonst das Feuer zu sehen wäre, ist eine Löwenmaske mit Farnen verziert, unter anderem mit dem markanten Hirschgeweihfarn, was ein besonderes Ambiente erzeugt. Alte Gartenmöbel und Accessoires sind im Garten verteilt, Kugeln, Krüge, Laternen sowie eine Gruppe von französischen Metallstühlen. »Elegant, aber mit Patina«, ist der Leitgedanke dieses Gartens, aber er trifft auch zu für die gesamte Stadt. Nichts wirkt gewollt, alles ist wie selbstverständlich.

Wenige Tage später habe ich zwei der Damen bei unserem gemeinsamen Event wieder getroffen. Mein Vortrag war ein riesiger Erfolg, das Beste jedoch war die Stimmung unter den Mitglieder des Seeds & Weeds Gartenclub. Alle Altersgruppen kamen zusammen, von jungen Müttern bis zu Urgroßmüttern und auch einige Herren, alle verbunden durch die Liebe zu Gärten, Kultur und Geschichte. Selten habe ich so viele Bücher signiert, der ganze Vorrat reichte nicht aus. Am nächsten Tag habe ich mich daher am Esstisch des Azalea Inn ausgebreitet und dort die Liste von Widmungen durchgearbeitet.

Das Azalea Inn[8] war die perfekte Bleibe für meinen Aufenthalt, eine Frühstückspension am Rande der historischen Stadt, geführt von Teresa und ihren Girls. Das im späten 19. Jahrhundert erbaute Haus ist in vielen Details noch original, der Salon mit der dunklen Holzvertäfelung, das Esszimmer mit der Wandmalerei, die leicht quietschende Treppe zur ersten Etage und die herrliche Veranda, auf der ich im Schaukelstuhl bei einem Glas Wein den Tag Revue passieren lassen oder einfach zusehen konnte, wer kam und ging. Ganz nach Sitte der Südstaaten gibt es täglich, außer sonntags, um 17 Uhr den Aperitif, eine Möglichkeit für die Gäste, sich kennenzulernen und auch die südliche Gastfreundlichkeit zu genießen. Leider habe ich dies an keinem Abend geschafft, ich war meistens mit Mr. Dennis am Steuer unterwegs zu einer Cocktailstunde oder einem Dinner, denn die Gastfreundschaft der Bürger von Savannah ist erstaunlich.

---

[8] www.azaleainn.com
Adresse: 217 E Huntingdon St, Savannah, GA 31401

Morgens zum Frühstück war ich jedoch mit von der Partie. Man nahm um den großen, glänzenden Mahagoni-Esstisch Platz, Frühstuck wurde serviert, man unterhielt sind, bloß ich nicht. Nach guter englischer Sitte las ich Zeitung, schließlich hatte mich die *Savannah Morning News* in einer Beilage abgebildet. Als ich von den Lokalnachrichten aufschaute, geschah es, genau in einem Moment, als ich gar nicht damit rechnete: Ein Blick, ein Lächeln, eine neue Freundschaft war geboren und ein neues Kapitel in meinem Leben wurde aufgeschlagen. Es ist erstaunlich, wohin uns Gartenträume führen können.

Schlusslicht

Wenn Sie, liebe Leserin, lieber Leser, es bis hierher geschafft haben, ist Ihnen sicherlich die Anonymität unserer Reisegruppe aufgefallen. Diskretion war immer unsere Stärke, und so ist es auch hier im Buch. Mein herzlicher Dank gilt allen, die zu der Truppe gehört haben. Danke für die Teilnahme, für die Begeisterung, für den Austausch von Anekdoten, Fotos und Filmen und auch für die Freundschaft. Es war und ist eine Ehre und Freude, mit Euch zu verreisen. Dieses Buch ist für Euch!

Eine Reise steht und fällt mit den Menschen, denen man begegnet. Ein besonderer Dank gebührt allen Gartenbesitzern, die uns Einlass in ihre Paradiese gewährt haben. Ohne die Crew wäre die Zeit an Bord der MS »Deutschland« nicht so einmalig gewesen. Tausend Dank für die schönen Zeiten! Besonders danke ich Barbara Zillig, Ute Richter und Antonius Bösterling. Mein Dank gilt ebenso den Sea Could Cruises. Ich durfte mit einigen der besten Schiffsagenten der Welt arbeiten, auch mit Guides und Busfahrern, die es verstanden haben, auf uns einzugehen. Mein Dank ist an sie gerichtet, ich habe viel von ihnen allen gelernt.

Ein Buch entsteht nicht von selbst; danke an alle, die mich unterstützt haben, insbesondere Monika Pitterle und Dr. Thomas Hagen von DVA.

Binette: Ich danke Dir von Herzen! Dein Gemälde »Das Palmenschiff« verkörpert die Essenz von *Reiselust & Gartenträume*, eine teils nostalgische Sehnsucht nach einer Welt, die nicht laut, anonym und überfüllt ist, sondern in der es Plätze gibt, an denen man Sorgen vergisst, aufatmet, träumt und zu sich selbst findet. Solche Orte brauchen wir heutzutage mehr als je zuvor.

Verlagsgruppe Random House FSC® N001967

1. Auflage
Copyright © 2017 Deutsche Verlags-Anstalt, München,
in der Verlagsgruppe Random House GmbH
Alle Rechte vorbehalten
Umschlag- und Vorsatzgestaltung: Binette Schroeder, München,
»Das Palmenschiff«
Layout und Satz: Monika Pitterle/DVA
Gesetzt aus der Adobe Garamond Pro
Druck und Bindung: Friedrich Pustet KG, Regensburg
Printed in Germany
ISBN 978-3-421-04081-7

www.dva.de